现代航空物流管理系列教材

Aviation Logistics Management Series

总主编／姚红光

航空物流案例分析

Case Analysis of Aviation Logistics

李智忠 李程 ◆ 编著

北京·旅游教育出版社

图书在版编目（CIP）数据

航空物流案例分析 / 李智忠，李程编著. -- 北京：旅游教育出版社，2023.10
现代航空物流管理系列教材
ISBN 978-7-5637-4546-3

Ⅰ．①航… Ⅱ．①李… ②李… Ⅲ．①航空运输－物流－案例－高等学校－教材 Ⅳ．①F560.84

中国国家版本馆CIP数据核字(2023)第013712号

现代航空物流管理系列教材
航空物流案例分析
李智忠　李程　编著

策　　划	李红丽
责任编辑	李红丽
出版单位	旅游教育出版社
地　　址	北京市朝阳区定福庄南里1号
邮　　编	100024
发行电话	（010）65778403　65728372　65767462（传真）
本社网址	www.tepcb.com
E - mail	tepfx@163.com
排版单位	北京旅教文化传播有限公司
印刷单位	天津雅泽印刷有限公司
经销单位	新华书店
开　　本	710毫米 × 1000毫米　1/16
印　　张	12.75
字　　数	165千字
版　　次	2023年10月第1版
印　　次	2023年10月第1次印刷
定　　价	49.00元

（图书如有装订差错请与发行部联系）

总　序

近二十年来,"物流"从一个书本中的学术名词已经切实融入了人们的日常生活。随着我国经济发展进入新阶段,"电子商务""互联网+"等新兴产业形态的出现,人们的生活方式发生了深刻的改变,人们对于物流服务的需求开始转向"快速化""便捷化"和"一体化",航空物流随之得到了快速的发展。

我国航空物流的快速发展具有其历史必然性,主要表现在如下三个方面:

第一,市场需求不断增加。

随着我国经济增长方式的改变、产业结构的升级以及国民生活方式的改变,人们对物流服务的快捷性要求也越来越高,航空物流正好满足了这种需求。此外,随着未来鲜活易腐产品、医药保健产品及时效产品在流通货物中的比重进一步增加,航空物流的市场需求仍将持续扩大。

第二,基础设施不断升级。

近年来,我国一直在加快航空物流基础设施建设,机场数量不断增加,机场规模不断扩张。尽管受疫情影响,基础设施建设仍然稳中有升。截至2022年底,中国大陆共有民用航空机场254个,运输航空公司66家,运输飞机期末在册架数4165架,共有定期航班航线4670条,定期航班大陆通航城市(或地区)249个。北京、上海和广州等大城市机场的枢纽作用日益显现。2022年期间,北京、上海和广州三大城市的机场货邮吞吐量占比高达43.4%。

第三,行业标准逐步完善。

近年来,我国在《中华人民共和国民用航空法》《中国民用航空货物国内运输规则》和《中国民用航空货物国际运输规则》的基础上,陆续出台了航空物流相关的多项规章制度与标准规范,如《民用航空安全检查规则》《国际航空运输价格管理规定》《航空货站收货工作规范》《航空货物装卸工作规范》

等。为促进我国航空物流的发展，2018年民航局出台《民航局关于促进航空物流业发展的指导意见》，2022年，民航局印发《"十四五"航空物流发展专项规划》，从而进一步完善了与航空物流有关的规章制度与标准规范。

航空物流业的快速发展，对航空物流人才的数量和质量均提出了新的要求。然而，当前具有新思维、新视野的航空物流人才严重匮乏，人才问题已成为我国航空物流业进一步发展的"瓶颈"。因此，加速启动现代航空物流人才教育工程，加快、加紧培养适合我国航空物流行业发展需要的专门人才，已成为我国航空物流业发展的当务之急。

为满足航空物流人才培养的需要，我们应旅游教育出版社邀请，组织航空物流专业具有多年教学经验的骨干教师，在认真总结航空物流人才培养成功经验的基础上，精心编写了这套"现代航空物流管理系列教材"。其中包括：《航空物流导论》《航空货物运输》《航空货运代理》《航空货运市场营销》《民航配载平衡理论与实务》《集装箱与国际多式联运》《民航危险品运输》《航空快递》《航空物流法律法规》《航空物流案例分析》等。该系列教材既适用于高等院校民航运输大类航空物流等相关专业本专科学生的系统教学，亦可供航空物流从业人员作为参考。

本系列教材在编写过程中特别注重理论与实践相结合，充分结合我国航空物流发展的实践和我国航空物流企业的业务特点，具有重视基础性、注重系统性和体现应用性的特点。

在本系列教材编写过程中，我们参阅了大量中外文参考书和文献资料，也参考了目前航空物流企业的一些内部资料，并且吸收和借鉴了当前优秀教材的优点，在此对国内外相关作者和企业一并表示衷心的感谢。

由于航空物流尚未形成一个成熟的学科体系，航空物流专业开设的课程及每门课程的授课内容也尚未达成共识，特别是受编者水平和时间限制，书中内容难免有错误和不当之处，敬请读者提出宝贵意见，亦欢迎同行切磋探讨，共同推动我国航空物流专业的发展。

如有建议或疑问，欢迎发邮件至：wytep@126.com。

姚红光
于上海工程技术大学

前言 Foreword

航空物流案例分析是对航空物流或航空货运中企业物流的真实环境、经营过程、所面临问题或处境的综合描述与分析探究，既是对民航物流管理专业知识综合应用和考核的实践性课程，又是培养物流创新型应用型专业人才的主要方式之一。

为此，本书以"案例分析"为核心，兼顾物流管理案例和航空物流案例，既考虑夯实物流管理理论基础，提高学生分析和解决现实物流问题的能力；又结合民航业发展的实际与前沿，综合借鉴航空货运、货运代理、航空服务、航空营销、机场运营、信息化建设、空运冷链物流等相关专业知识，通过对典型航空物流案例的分析促进创新型应用型航空物流管理人才的培养。

本书精选物流管理和航空物流相关案例，共分四大章节，第一章介绍了物流案例分析基本框架与案例报告撰写思路；第二章为典型物流案例与分析；第三章为结构型航空物流案例与分析；第四章是非结构型航空物流案例与分析。其中第二章中多为高结构型技术案例，故针对思考题提供了参考答案，答案可扫描文中二维码查看；而第三章和第四章的案例思考题则往往没有"标准"答案，需要结合实际进行思考与分析，故书中此部分未提供参考答案。建议在独立思考并形成自己的观点后，再查看相关参考答案进行比对完善。

本书主要特色如下：

1. 甄选案例，实践性强

本书所选案例均取材于经过仔细甄选和适当改编的真实案例或信息资料，力求反映航空物流业发展的最新变化；同时强调理论联系实际，案例及其分析在回顾专业知识基础上，注重突出对学生物流管理和航空物流实

操能力的培养。

2. 由浅入深，循序渐进。

本书四大章遵循由浅入深的思路，从应用工具分析到典型物流管理案例，从短篇结构型航空物流案例，再到中长篇非结构型航空物流案例，内容涉及面广，有助于教师和学生根据自身实际选择性地开展学习与探究。

3. 内容面广，适用性强。

本书将知识性与探究性相结合、生动性与趣味性相结合，逻辑体系既适用于讲授，也适用于自学。因此，本书既可作为高等院校航空物流相关专业学生的教材或参考用书，也可作为货代企业、航空公司、货站、外贸和物流等单位员工的培训书籍，还可供从事与航空物流或物流管理相关工作的从业人员参考和学习使用。

本书出版得到了上海工程技术大学"航空物流案例分析"建设项目（j202008001）及上海市重点课程"物流案例分析"和"货运实习"的资助，感谢上海工程技术大学航空运输学院领导和同事们的大力支持和鼓励，感谢旅游教育出版社编辑同志认真细致的校对工作，以及提出的诸多中肯修改建议。此外，在本书撰写中，笔者借鉴和参考了多位同行专家、协会企业、微信公众号与网络的相关数据、案例和资料，在此一并表示谢意。

本书编写分工情况如下：第一章、第二章、第三章及第四章前两节由李智忠执笔，第四章第三节到第六节由李程执笔，最后由李智忠进行统稿。

本书作为一本航空物流类案例专门书籍，虽在编写过程中努力尝试做到取材真实、侧重实务、内容面广、自成体系、突出能力培养，但由于作者水平有限，书中难免存在疏漏及不妥之处，敬请广大读者和专家给予批评指正！

李智忠　李　程

2023年5月

于上海工程技术大学航飞楼

目录 Contents

二维码资源列表 / 8

第一章 物流案例分析导论 / 1

第一节 案例与案例分析 / 1
一、案例概述 / 1
二、案例教学法 / 5
三、案例分析 / 12

第二节 物流案例分析基本框架 / 15
一、物流案例分析的概念 / 15
二、物流案例分析的五部曲 / 15

第三节 物流案例分析常用工具 / 16
一、商业环境分析方法 / 16
二、供应链结构分析 / 20
三、供应链绩效分析 / 24
四、问题识别与原因分析工具 / 25

第四节 物流案例分析报告撰写框架 / 27
一、物流案例分析报告框架 / 27
二、物流案例分析报告撰写内容 / 28
三、案例分析报告撰写技巧 / 28

第二章 典型物流案例与分析 / 30

第一节 供应链结构问题案例 / 30

案例 2-1-1：VC 公司组织结构与问题清单 / 30

案例 2-1-2：SC 公司组织结构与前置期问题 / 33

案例 2-1-3：BC 公司外部环境与订单问题 / 34

第二节 供应链流程问题案例 / 36

案例 2-2-1：PB 公司流程优化与布局调整 / 36

案例 2-2-2：EC 公司产品的交付时间问题 / 37

案例 2-2-3：VP 公司供应链库存问题 / 38

第三节 供应链时间问题案例 / 39

案例 2-3-1：WK 公司的前置期问题 / 39

案例 2-3-2：SD 公司前置期优化问题 / 41

案例 2-3-3：JL 公司价值链时间管理 / 43

第四节 供应链分类问题案例 / 45

案例 2-4-1：MS 公司的物料分类管理 / 45

案例 2-4-2：HR 公司供应商分类与管理策略 / 46

案例 2-4-3：XM 公司供应商分类与策略管理 / 47

第五节 供应链选择问题案例 / 49

案例 2-5-1：PP 公司的双供应源问题 / 49

案例 2-5-2：EP 公司的供应商评价 / 49

案例 2-5-3：FC 企业的供应商管理 / 51

第六节 物流外包问题案例 / 52

案例 2-6-1：PH 公司的供应链外包与退货物流 / 52

案例 2-6-2：RN 公司运输方式的选择 / 54

案例 2-6-3：JD 与 TB 的物流模式对比分析 / 56

第七节 供应链运营问题案例 / 57

案例 2-7-1：YF 公司的供应链运营 / 57

案例 2-7-2：TH 医院的 JIT 采购模式 / 60

案例 2-7-3：LF 公司的采购管理 / 60

第八节 配送与客服问题案例 / 62

案例 2-8-1：ZZ 公司拣货问题 / 62

案例 2-8-2：GB 企业跨境电商转型升级 / 63

案例 2-8-3：MN 公司绩效评估矩阵 / 64

第九节 库存管理问题案例 / 66

案例 2-9-1：CM 公司库存管理案例 / 66

案例 2-9-2：PS 公司的库存控制策略 / 67

案例 2-9-3：WH 企业库存管理问题 / 68

第十节 成本利润分析案例 / 69

案例 2-10-1：MD 公司物流差异化转型之路 / 69

案例 2-10-2：QF 公司工厂选址问题 / 70

案例 2-10-3：AM 公司不同运输方式的成本比较 / 71

第十一节 案例分析报告的撰写 / 72

案例 2-11-1：FF 公司的快餐服务 / 72

案例 2-11-2：EM 公司的采购管理 / 73

案例 2-11-3：YZ 公司跨境电商转型案例 / 74

第三章 结构型航空物流案例分析 / 77

第一节 航空物流法律责任界定与赔偿 / 77

一、空运货物丢件或损失问题 / 79

案例 3-1-1：空运货物全部丢失，代理人以自己名义运输的案例 / 79

案例 3-1-2：空运货物部分损失，承运人有过错的案例 / 80

案例 3-1-3：空运货物部分丢失，承运人无过错的案例 / 81

案例 3-1-4：空运货物部分丢失，代办人有过错的案例 / 82

二、空运操作不规范问题 / 83

案例 3-1-5：航空承运人未签运单的案例 / 83

案例 3-1-6：运单未注明易碎性质，且包装上未合理粘贴标志的案例 / 83

案例 3-1-7：航空货运中委托代理不合规的案例 / 84

三、空运不正常事故导致损失的责任归属 / 85

案例 3-1-8：没有发生运输的承运人责任认定案例 / 85

案例 3-1-9：卡车航班运输损失的责任认定案例 / 85

案例 3-1-10：航空货运转委托的延误责任认定案例 / 86

案例 3-1-11：有免责条款的货物延迟责任认定案例 / 87

四、空运责任界定问题 / 88

案例 3-1-12：发货人要求中止运输的责任认定案例 / 88

案例 3-1-13：三家航空公司货运灭失的责任认定案例 / 88

案例 3-1-14：FCA 贸易条件下交货期的责任认定案例 / 89

第二节 航空物流不正常运输问题与思考 / 90

一、航空运输货物问题 / 90

案例 3-2-1：航空货运异味案例 / 90

案例 3-2-2：航空货运包装案例 / 91

二、航空货运操作问题 / 92

案例 3-2-3：航空运输板箱打板与装载案例 / 92

案例 3-2-4：航空结算凭证代号错填案例 / 93

案例 3-2-5：航空货运频频丢件案例 / 93

三、航空货运危险品问题 / 94

案例 3-2-6：特种货物运输的收运操作案例 / 94

案例 3-2-7：空运危险品腐蚀案例 / 95

四、航空运输行李托运问题 / 96
　　案例 3-2-8：托运行李错拿，适用侵权责任法案例 / 96
　　案例 3-2-9：托运行李错拿，适用民用航空法案例 / 97
　　案例 3-2-10：财产损害赔偿案例 / 98

第三节　航空物流政策与相关主体运营模式分析 / 99
　　案例 3-3-1：中美两国航空运输业的规制政策 / 99
　　案例 3-3-2：空运代理业的竞争与重组 / 102
　　案例 3-3-3：机场管理与商业盈利模式 / 104
　　案例 3-3-4：机场商家运营管理问题 / 107

第四节　航空物流客户服务分析 / 109
　　案例 3-4-1：中外运空运公司的第三方物流服务 / 109
　　案例 3-4-2：天津空港货运公司的特货保障服务 / 110
　　案例 3-4-3：Delta 航空公司旅客满意度调查 / 112
　　案例 3-4-4：休斯敦机场行李等待时间的处理 / 113

第五节　航空物流市场营销分析 / 114
一、航空战略营销 / 114
　　案例 3-5-1：航空物流园区货邮吞吐量预测案例 / 114
　　案例 3-5-2：波音公司差异化服务案例 / 116
　　案例 3-5-3：海航集团的高科技信息化建设案例 / 118

二、空运产品策略 / 120
　　案例 3-5-4：南航的服务品牌建设与特色服务 / 120
　　案例 3-5-5：针对目标客户群的空运产品创新 / 124
　　案例 3-5-6：川航成渝空中快巴与京沪空中快线 / 126

三、销售渠道策略 / 129
　　案例 3-5-7：SA 航空公司的直销之路 / 129

四、促销组合策略 / 131
　　案例 3-5-8：深航的公共关系营销 / 131
　　案例 3-5-9：阿联酋航空航线开航营销 / 133
　　案例 3-5-10：航空物流疫情援救 / 133

五、民航运价和定价策略 / 135
　　案例 3-5-11：航空公司定价策略 / 135
　　案例 3-5-12：我国的机票价格政策 / 137

第六节　航空物流价格、成本与收益分析 / 138
　　案例 3-6-1：LH 公司的托运运费与损失赔偿 / 138
　　案例 3-6-2：飞机维护部门的管理体制 / 139
　　案例 3-6-3：航空物流作业成本管理 / 141
　　案例 3-6-4：CO 航空公司的收益管理 / 141

第七节　航空物流信息化建设案例 / 143
　　案例 3-7-1：外运发展打造跨境电商综合物流平台 / 143
　　案例 3-7-2：BY 公司的新计算机系统 / 144
　　案例 3-7-3：SF 公司航空物流资源整合 / 146
　　案例 3-7-4：无人机乡村物流配送 / 148

第四章　非结构型航空物流案例与分析 / 150

第一节　航空物流业的发展历程与现状 / 150
　　一、全球航空物流发展趋势 / 150
　　二、中国大陆地区航空物流发展历程 / 152
　　三、后疫情时代我国航空物流的发展 / 156

第二节　东航物流混改案例 / 159
一、改革历程 / 159
二、改革成效 / 160
三、成功经验 / 161
四、创新转型 / 162

第三节　低成本航空发展战略规划案例 / 164
一、国内外低成本航空发展趋势分析 / 164
二、国内最成功的低成本航空——春秋航空 / 166
三、亚洲规模最大的低成本航空——马来西亚亚洲航空 / 169
四、欧洲低成本创新的典范——瑞安航空 / 172

第四节　航空物流领域智慧物流技术的应用 / 175
一、政策合理助推智慧民航建设 / 175
二、无人化智慧机场建设 / 176
三、智慧化航空货站升级 / 177
四、航空物流运作管理模式升级 / 178

第五节　航空假期产品营销案例 / 179
一、国外航空假期产品市场分析 / 179
二、国内目前航空假期产品市场分析 / 180

第六节　航空运输冷链物流案例 / 181
一、ZM公司发展空运冷链业务案例 / 181
二、东航物流空运冷链物流案例 / 184
三、空运冷链物流的未来发展 / 186

参考文献 / 189

二维码资源列表

章	节	案例思考题 参考答案	二维码 所在页码
第二章 典型物流案例与分析	第一节 供应链结构问题案例	案例 2-1-1：VC 公司组织结构与问题清单	35
		案例 2-1-2：SC 公司组织结构与前置期问题	
		案例 2-1-3：BC 公司外部环境与订单问题	
	第二节 供应链流程问题案例	案例 2-2-1：PB 公司流程优化与布局调整	39
		案例 2-2-2：EC 公司产品的交付时间问题	
		案例 2-2-3：VP 公司供应链库存问题	
	第三节 供应链时间问题案例	案例 2-3-1：WK 公司的前置期问题	44
		案例 2-3-2：SD 公司前置期优化问题	
		案例 2-3-3：JL 公司价值链时间管理	
	第四节 供应链分类问题案例	案例 2-4-1：MS 公司的物料分类管理	48
		案例 2-4-2：HR 公司供应商分类与管理策略	
		案例 2-4-3：XM 公司供应商分类与策略管理	
	第五节 供应链选择问题案例	案例 2-5-1：PP 公司的双供应源问题	52
		案例 2-5-2：EP 公司的供应商评价	
		案例 2-5-3：FC 企业的供应商管理	
	第六节 物流外包问题案例	案例 2-6-1：PH 公司的供应链外包与退货物流	57
		案例 2-6-2：RN 公司运输方式的选择	
		案例 2-6-3：JD 与 TB 的物流模式对比分析（答案略）	
	第七节 供应链运营问题案例	案例 2-7-1：YF 公司的供应链运营	61
		案例 2-7-2：TH 医院的 JIT 采购模式	
		案例 2-7-3：LF 公司的采购管理	
	第八节 配送与客服问题案例	案例 2-8-1：ZZ 公司拣货问题	66
		案例 2-8-2：GB 企业跨境电商转型升级	
		案例 2-8-3：MN 公司绩效评估矩阵	
	第九节 库存管理问题案例	案例 2-9-1：CM 公司库存管理案例	69
		案例 2-9-2：PS 公司的库存控制策略	
		案例 2-9-3：WH 企业库存管理问题	
	第十节 成本利润分析案例	案例 2-10-1：MD 公司物流差异化转型之路	71
		案例 2-10-2：QF 公司工厂选址问题	
		案例 2-10-3：AM 公司不同运输方式的成本比较	
	第十一节 案例分析报告的撰写	案例 2-11-1：FF 公司的快餐服务	76
		案例 2-11-2：EM 公司的采购管理	
		案例 2-11-3：YZ 公司跨境电商转型案例（答案略）	

第一章 物流案例分析导论

学习要点

- 案例、案例教学法与案例分析等相关概念与特点；
- 物流案例分析五部曲；
- 物流案例分析常用工具；
- 物流案例分析报告撰写框架。

第一节 案例与案例分析

一、案例概述

（一）案例的概念

案例（Case），又称个例、实例、个案等，是人们对生产生活中典型事件的概括与陈述。案例的设计是通过有针对性地对某类或某个事件的有意截取与修饰，实现对相关问题的深入探讨，从中挖掘和探求出带有规律性、普遍性的成分与元素，以便满足人们进行学习借鉴、研究探索的需要。

"案例"一词最早源于医学界对医案及个别病例的统称，是对病情诊断、处理方法的记录。注意"案例"不同于"实例"，实例是指已经发生的某种事

件及前人处理特定问题时的经验教训,多是已解决的或价值观明确的事实,如新闻事件报道、纪实、案件回顾等。而案例有其特定的文体和书写规范,是为特定的教学和研究目标而服务的,多是待解决或解决方法多变的问题,往往要求学习者或学员(以下统称"学生")梳理信息、找出问题、诊断病因、开出处方、评价决策。

一个真实案例通常包含的要素有:(1)案例的来源:案例源于对真实情境的描述,不同于创作小说,案例是对事实进行"白描",以便学生身临其境,真正融入真实的情境中,在情节上案例不得虚构。若出于某种考量,企业或产品名称等信息不便公开时,可以进行加密或掩饰处理。(2)案例的组织:对典型事件的捕捉,不是记流水账,而是对焦点事件的逻辑性陈述,必要时可对素材进行删减、合并、扩充甚至重构。(3)案例的问题:呈现一个或多个待解决问题,即冲突或矛盾。(4)案例的对策:具有典型性与针对性的解决方案或对策,可以引发或刺激出新的想法,或头脑风暴出新的创意,往往会给人以豁然开朗或柳暗花明的感觉。

(二)案例的特点

案例在研究中形成了一定的书写格式或标准样式,是一种叙事性的追忆或典型事件的追述,其文体也多带有明显叙事风格,这就为人们更好地进行模拟和适应案例情景提供了诸多方便。其主要特点有:

1. 客观真实性

案例本身包含一个典型的故事情境,来源于实践,其描述的事件及其情境是真实可信的,是客观地对事情真相的中性描述,起到抛砖引玉式的点缀,而不加入编写者的主观评论和分析,能给学生营造出一种身临其境的感觉,自然而然地能使学生设身处地参与到事件中,并与事件中的主人公一起思考和产生共鸣。一旦案例被发现是主观臆测或虚构的,案例的角色扮演就会变成角色游戏,案例的教学效果就会大打折扣。因此,案例一定要注意真实的细节,让学生身临其境,并能客观公正地对待案例中的人和事,认真分析各种信息和错综复杂的案情,起到搜寻知识、拓展知识、启迪智慧、训练能力的目的。

2. 生动戏剧性

教师在制作案例过程中,要尽可能调用各种文学手法,如采用场景描写、情节叙述、心理刻画、人物对白等，甚至可以加入议论，边议边叙，其作用是烘托气氛，提示细节。同时，利用案例中事件发展中形成的冲突与高潮，呈现多点问题或多类问题，只有通过抽丝剥茧式的梳理才能抓住主要问题或核心问题，并通过对冲突的化解和问题的思考加以烘托，耐人寻味之余能引发学生遐想，从而激发学习兴趣。当然，生动与具体素材要服从于案例分析的目的，其前提是不能暴露案例编写者的意图，更不能由议论产生主观结论。必要时，案例可附上与案例分析有关的附件，如企业的有关规章制度、文件决议、合同摘要等，还可附上有关报表、台账、照片、曲线、资料、图纸、当事人档案等图文资料，甚至于音频、视频等多媒体资料。

3. 多样化结果

案例发展存在的多种可能性，能启发人们更多地思考，进而让人们产生某种共同情怀和独特感受。一般只有事件没有结果，有激烈的矛盾冲突，却没有处理办法和结论，这些未完成部分，由学生去决策、去处理，而且不同的办法会产生不同的结果。从这个意义上讲，案例的结果越复杂，越多样化，就越有价值，越能起到培养学生解决问题能力的目的。

4. 典型事件性

真正的案例描述不是记流水账，而是对具有代表性的情景进行勾画，对焦点问题给予陈述。典型性要求案例内容具有一定的代表性和普遍性，往往是多种知识的有机结合，用简单事件诠释复杂深奥的道理，具有举一反三、触类旁通的作用，而不是简单地呈现实践中发生的事件。典型的案例往往涉及的关系比较复杂，涵盖的知识点较多，这将有助于学生从各个层面对所学理论加以验证，从中推出合理结论。

（三）案例的类型

案例的情况千差万别，案例的类型也丰富多样。案例可以从不同角度划分为不同类型。

1. 根据案例篇幅分类

根据案例篇幅，案例可以分为短、中、长、超长四类。一般来说，短篇案例约在2500字以内，中篇案例在2500~5000字，长篇案例在5000~10 000字，超长篇则普遍超过10 000字。

2. 根据案例分析目的分类

根据分析目的的不同，案例分为知识获取型、问题评审型、分析决策型和发展理论型四类，其中知识获取型是以案例形式展示行业或企业特定经营业务或事项的总体进展、现状特征与问题处理等，以此弥补专业课程在时间上的滞后性或内容上的不足，其作用在于开阔学生眼界、增进其对当前行业发展的认识、提高对问题的思考与判别能力。问题评审型又称描述评审型，即案例给出问题和解决问题的方案，供学生评价。通常介绍某一事件的全过程，有现成的方案与计划，需要学生结合自身所学理论和知识对之进行评审，指出长处，点明不足，并论证评审的依据或理由。这类案例不同于新闻报道，也不同于工作经验总结与介绍，一般只将方案拟好为止，对其执行结果不予叙述，对该方案也不加以总结与评价，而是将这些留给学生去思考，起到扩大学生知识面、验证并加深其理解的效果。分析决策型又称分析问题型，即不提供具体的决策方案，要求学生通过讨论分析后给出。这类案例中通常在情况描述中隐含一些问题，需要学生发掘出问题，分清主次，探究原因，拟定对策方案，并进行评价和决策。这对学生的要求更高，需要学生创造性地提出解决方案，更能体现案例教学的基本要求。物流案例多采用此种类型。发展理论型，即通过案例发现新的理论和新的方法，从而不断完善现有理论体系。这是对案例研究的高层次要求，一般不作为学习使用，而是以研究为目的，探究未知或不确定事物背后的规律。

3. 根据案例篇幅、性质、功能、使用范围和适用对象等综合分类

（1）高结构型技术案例

一般不超过1500字，短小精悍，很少有多余信息和无关信息，只把有关事实陈述清楚即可，往往会有"最佳"算法或"标准"答案，希望学生能利用所学的理论或方法来得出预想的结果，故又称习题型案例。此类案例主要用来帮助学生加深理解所学过的某一概念，或熟练应用所学过的某一个公式，多用于对高校低年级学生或经验不够丰富的初级管理者的基础性教学或培训中。

（2）短篇结构型小品案例

篇幅通常是短篇，但有时也可以是中篇，甚至长篇。一般没有"最佳"算法或"标准"答案，需要学生结合实际问题，运用所学理论和方法进行分析，往往可作为例证工具。多用于对本科低年级学生或有一定经验管理者的教学或培训中。

（3）长篇非结构型案例

又称"哈佛型案例"，篇幅一般较长，有的甚至可达 10 万字以上，多是综合性、跨学科的案例，反映某一管理情境真实而全面的信息，往往伴有大量无关信息和多余信息，有关信息有时表述不够完整，基本问题也表达得不够清楚，需要学生自己厘清思路、分清主次、找出问题、探究原因、提出方案，分析权衡并做出决策。这类案例不存在"最佳"算法或"标准"答案，往往涉及多方面管理知识，多用于对本科高年级学生、MBA 或高级管理干部的教学或培训中。

（4）疆域开拓性案例

这类案例描述的是尚待开发或未做过系统性研究的未知领域，无论在管理商业界还是学术界，对其所涉及的问题还存在争执或未知，甚至对有关概念运用的方法也有待研究。这类案例需要在现有知识和理论基础上进行延伸和拓展，通过归纳演绎或案例研究法，实现方法上的创新或理论上的突破，如"多案例研究"（Multiple-case Study）方法，多见于博士班及高级管理案例研究中。

此外，根据来源案例还可分为一手案例和二手案例，其中一手案例需要深入实践第一线搜集有关资料，如实地测量、问卷调查或深度访谈等，这里往往要求搜集者对实践活动有敏锐的观察力和很强的概括力；二手案例是从各类媒体，如书报、杂志、网络、数据库、自媒体、电视广播等收集、摘录和整理信息数据等的结果。根据载体形式可以分为文字案例、图形案例、声音案例、影像案例、情境仿真案例、其他形式案例等。根据编写方式可以分为自编案例、翻译案例、删节案例、改编案例等。根据案例所涉及行业的不同，可分为工业案例、商业案例、交通运输案例、物流案例、服务业案例、非营利组织案例等。

二、案例教学法

（一）案例教学法的由来

19 世纪 70 年代哈佛法学院院长兰德尔（C. C. Langdell）首创"判例教学法"，用法庭判决的案件作为案例进行教学，随后哈佛大学医学院采用临床实践和临床病理学会议两种形式的案例教学,对传统医学教学进行改革。1921年,哈佛商学院(Harvard Business School)正式倡导,并将之用于尝试培养高级经理和管理精英的教育实践中,形成独特的"案例教学法"(Case-based Teaching),并成立专门的商业研究处。哈佛案例大多取材于商业管理的真实情景或事件,由教师(或培训师,下同)在教学中扮演设计者和激励者的角色,鼓励学生积极参与讨论。学生针对没有"标准答案"的案例,通过分析和讨论,提出自己的解决之道。整个教学重在训练学生对案例的逻辑分析思路和创造性思维,而非单纯寻求案例的"最佳"答案。

1986年美国卡内基小组(Carnegie Task Force)在《准备就绪的国家:二十一世纪的教师》(A Nation Prepared: Teachers for the 21st Century)的报告书中,特别推荐案例教学法在师资培育课程中的价值,并将其视为一种极为有效的教学模式。随后,案例教学法被多个国家的商学院采用,也被更多企业借鉴并用于培养企业的得力员工中。通过这种方法对员工进行培训,能明显增进员工对企业各项业务的了解,培养员工间良好的人际关系,提高员工解决实际问题的能力,增强企业的凝聚力。可见,案例教学法就是通过大量的案例分析,培养管理者逐步通过归纳、领悟并建构出一套适合自身特点的分析和解决问题的思维方法、程序和框架,从而促使个人管理能力完成从量变到质变的飞跃。

(二)案例教学法的特点

1. 教学目的更注重培养学生的能力

知识不等同于能力,管理本身是重实践重效益的,单纯强调书本知识学习而忽视实际能力的培养,既不利于学生自身发展,也难以达到管理要求。不同于传统教学,案例往往没有"标准答案",而是要求学生自己去思考、创造和交流,其目的之一是可取长补短,促进人际交往能力的提高,二是起到激励作用,通过小组与小组之间、个人与个人之间的相互竞争,鞭策学生自身奋发向上、超越他人。

2. 教学方式以启发为主

传统教学是老师讲、学生听,掌握程度要到最后测试时才能知道。而案例教学中,对学生而言,拿到案例后,先要进行消化,然后查阅各种理论知识和信息资料，这种主动的学习方式更有助于学生加深对问题的理解。此外，学生还需经过缜密的思考，提出解决问题的方案，这也有助于提高学生分析和解决问题的能力。整个过程中，教师的启发对引导学生独立思考、相互交流和找准问题的方向都有重要的意义。对教师而言，学生的思路和答案也会督促教师思考，同时促使教师根据学生的不同理解及时补充或拓展新的教学内容，这种动态的双向教学形式也会对教师教学提出更高的要求。

3. 教学内容与理论知识的相关性

案例是为教学目标服务的，其内容应该与相应理论知识直接关联。案例选择要紧扣教学内容，要有助于学生巩固所学理论知识，同时也有助于学生提高运用理论知识解决现实问题的能力。案例教学既可以是先讲授基本理论，然后用案例加以说明；也可以是先讲授案例，然后水到渠成地引出有关基本理论。但不管采取何种展开形式，关键是要加以灵活应用，以充分调动学生积极性与主动性作为评判标准。

4. 教学主要面向管理者和专业技术人员

鉴于案例教学是以高级智力技能训练为主，如开发分析、综合及评估能力等，这使得案例教学法在专业技能培养中，尤其是面向管理者、医生和其他专业技术人员的教学和培训中被广泛采用。

5. 教学效果取决于学生的参与度

案例教学要求学生广泛、深度地参与互动，不仅要主动阅读和分析案例，而且学生之间还要相互沟通并积极讨论，在阐明自己立场的同时也要善于听取他人意见，这既能锻炼学生多方面的能力，又能提升案例教学的效果。

（三）案例教学法的作用

案例教学法是通过案例有目的地向人们传递有教育意义的有效载体，其方法主要是归纳推理。因此，人们常常把案例作为一种说服、思考和教育的工具，其作用主要体现在：

1. 管理能力上：培养学生独立、综合地分析和解决管理问题的能力

众所周知，管理问题错综复杂、因素众多，无简单规律可循。环境不同，采取的对策不同；时间不同，采取的对策也不同；不同的问题可能用相同的解决办法，而同一问题，也可能用不同的解决办法。因而，学生是否具备逻辑分

析、独立判断并进行合理决策的能力是检验案例教学成效的关键。

2. 知识认知上：增进知识、扩大信息量的作用

案例教学中，谈古论今、旁征博引，涉及不同行业、不同管理阶层、宏观微观、部门和个人诸多层面，既有物流、商流、资金流、信息流，又有政治、经济、社会、技术、法律、文化等方面因素，把诸多典型情境和管理事例纳入教学中，甚至还有一些具体细节，能让学生获得接近真实的体验，可以缩短教学情境与实际操作情景之间的差距，扩大学生眼界和思路，从而拓展其知识面。

3. 交际能力上：全面提高表达能力和组织协作能力

通过成组讨论、相互辩论、说服别人、听取别人意见和在群体中协作等活动，全面提升学生自身的表达能力和组织协作能力。

4. 信息资源上：结识众多管理人士，建立更广人脉资源

接受案例教学的多是不同行业、不同阶层的管理者，通过成组讨论、相互辩论、头脑风暴、发言汇报、私下交流等活动，可以了解很多信息，认识很多人，同时建立广泛的人脉。

5. 创新能力上：促进教师自身教学水平和创新能力的提升

对教师而言，开展案例教学既有助于更好地理解和掌握理论知识，整合教育教学中的"不确定性"内容，获得"内化了"的知识，又有助于掌握和反思教学方法的应用，促进设计创新能力和解决实际问题能力的提升。

（四）案例教学法的实施步骤

在碎片化、终身化学习的时代，以手机为代表的移动终端设备已经成为人们工作生活的必需品。如何有效利用移动终端的优势，创造性地开展教学，激发学生学习兴趣，在集中线上学习的基础上，充分利用现代生活的碎片化、零散化线下时间，提高学习效果，是教学工作者需要直面的重大课题。2015年，政府工作报告中制订了"互联网+"行动计划，标志着"互联网+"被纳入国家战略。为使案例教学更加有效，学校或培训机构必须能为学生提供更多案例学习、讨论和分析结果的机会，必须提供让学生成组面对面地或通过视频会议等形式进行沟通讨论的机会。这需要调整传统课堂教学模式，将移动信息化教学作为传统教学形式的发展和延伸，以服务学生群体为目的，让信息化手段成为学生传递知识、答疑解惑和共享知识的有效工具。图1-1为案例教学法的实施过程，分设计、思考、互动和反思四个阶段，这是一个不断循环、不断升华的过程。

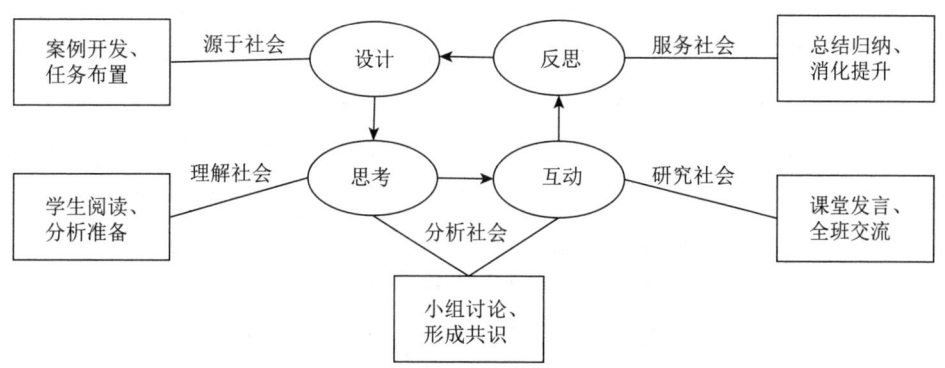

图1-1 案例教学法实施过程

1. 案例开发、任务布置

课前，教师结合授课对象、课程性质及进度安排，搜集资料和素材，在设计、实施、调查和反馈的基础上制作案例。经过整理后的案例可事先以文字资料、口头描述、录音材料或影像资料等形式传递给学生，个别案例可能还需要教师进一步明确具体要求，包括重点难点、学习方法以及相关学习资源的获取途径等，甚至介绍背景和必要的知识，以便学生明确学习的目的和要求。本阶段的关键是教师的"设计"，须确保案例素材"源于社会"，学生则在自主学习基础上获取案例知识点，为后续集中学习做好必要准备。

2. 学生阅读、分析准备

课上，学生结合问题迅速阅读案例材料，获悉问题，了解案例的事实，必要时教师可进行启发或适当讲解，以便学生进一步把握问题及要求。学生在识别问题的基础上进一步界定和澄清需要研究的问题，明确分析框架与所涉及的领域，查阅和搜集相关资料和信息，自主探究并初步形成关于案例中问题的原因分析和解决方案。在本阶段中，由于学生无法通过材料了解个案的全部背景和内容，教师可以提出一些要求，并让学生有针对性地开展准备工作或查阅资料，也可由学生就个案内容向教师进行质询，教师也可对必要知识或背景进行适当点拨、启发和讲解。本阶段的关键是学生的"思考"，须确保学生能真正

透过案例"理解社会",这直接关系到整个案例教学的效果。

3. 小组讨论、形成共识

教师根据学生的年龄、学历、职位、工作经历等,将学生划分为由3~8人组成的若干小组,也可由学生随机或自行组队,根据实际需要确定是否设定组长。注意组队时小组成员要多样化,以便在准备中能分工合作,讨论时能表达不同意见。各学习小组应该分开讨论,由各小组自行组织,也可通过视频会议形式开展讨论、发布有关问题和个人见解,教师原则上不进行干涉,只是起到组织者和引导者的作用。小组讨论需呈现个人对案例问题的分析,提出解决方案和依据,同时听取同伴的意见,经过小组反复讨论,头脑风暴和集思广益,相互检验并修正自己的判断,以期达成共识,从而营造一个"积极参与,激烈讨论"的开放式课堂氛围。一般来说,各小组应针对研究问题的症结所在,提出解决问题的策略,再通过讨论和分析挑选出最恰当或最理想的策略。当然,如果小组在研究问题时思考方向与案例目标有误差,教师应及时指出。该阶段结束后,教师还可结合讨论和发言,参考当前社会热点或前沿问题,给定范围或由学生自选范围,设计并布置若干翻转课堂选题方向或具体任务。本阶段的关键是学生间的"互动",学生能否在互动基础上"分析社会",这是检验案例教学法是否有效开展的重要依据。

4. 课堂发言、全班交流

根据小组讨论结果或翻转课堂要求,由各组学生分工合作,在课后查阅并整理资料,掌握研究对象当前发展现状、问题焦点和现有解决途径及其结果,通过多次反复讨论,拟定题目、设计思路、制作多媒体课件、准备可能存在问题的答题思路,必要时还可进行试讲。然后由各小组委派代表在线上或线下进行交流和发言,也可由小组成员轮流交流和发言,阐述对案例的分析和处理意见,发言时间根据案例的复杂程度,一般应控制在5至20分钟以内,目的是通过相互检验和修正自己的分析,扩展和深化学生对案例的理解程度,进一步完善解决方案和论据。发言完毕,发言人要接受其他小组成员的质询并做出解释,此时本小组的其他成员可以代替发言人回答问题或进行必要的补充,目的是通过质询进一步阐明自己的观点,同时相互激发灵感,促进讨论的深入。在此过程中,教师充当的是组织者、解说员和引导人角色,对学生的问题或解答,或进行概括、重述或补充,以便学生更易于理解;在辩论脱离主题或升级为辩论时,要缓和气氛,把握尺度,适时把学生的注意力引导到讨论的主题上来;在冷场时,要营造氛围,引导、设问、反问或鼓励学生发言和提问,甚至主动提出几个意见比较集中的问题或常规处理方式,组织各小组对这些问题和处理方式进行重点思考和讨论。本阶段的关键是"思辨",通过思辨将案例问题提升到"研究社会"的层次,从而提升学生设身处地思考辨析与探究真伪的能力与兴趣。

5. 总结归纳、消化提升

在小组发言和作答完毕之后,由教师通过总结归纳和质疑评判,将案例问题进行拓展、延伸甚至改造,从而启发学生进一步思考。最终,各小组或个人在自行思考和总结基础上,以课程小结或案例分析报告的形式提交作业,作业可以采取书面形式,也可以采取非书面形式。由教师根据各组学生多媒体制作质量、汇报情况(包括发言仪态与肢体语言、发言总体思路与逻辑性,以及发言深度与启发性等)、回答问题情况与最终报告质量等综合评定学生的成绩。课后,学生之间、师生之间、小组之间还可以通过线上进一步讨论、交流和传递信息,从而使案例教学的效果最大化。本阶段的关键是"反思",从案例分析走向有意识地为企业着想、为社会着想,最终达到"服务社会"的终极目的。

整个案例教学过程中,围绕案例本身,师生之间展开充分的互动。教师是问题的设计者,讨论的发起者、组织者和引导者,秩序的控制者,以及课后的总结者和评价者,起着至关重要的作用。具体体现为:无论是课前的案例精选,要求巧妙构思确定提供案例的方式方法,要掌握数倍于学生的背景材料;还是课中具体场景的设置,以及讨论中的引导和控制,既要避免完全由教师操控讨论,又要避免讨论过于偏离主题。讨论中,既要注意倾听学生的发言,并加以适当引导,促使所有学生都参与讨论,充分调动学生的积极性与主动性,又要在讨论结束时做好讨论总结,或者结束后由学生总结、教师适当加以点评。可以说,教师依然是重要的信息源,但主要侧重于启发学生的意义建构(Sense-Making)和促进学生各方面能力的提升。

三、案例分析

(一) 案例分析的概念

案例分析法（Case Analysis Method，简称 CAM）又称个案研究法，是通过对个案进行研究和成组讨论的方式了解案例中的事件背景、现状与存在的问题，并结合案例实际提出解决问题的思路与具体方法，从而达到提高决策技能的目的。案例分析不苛求结果，而强调分析过程，主要任务是训练学生的逻辑思维能力，全面提高学生综合分析、沟通协调与团队协作等方面的能力。

(二) 案例分析的特点

1. 明确的目的性

通过一个或多个独特且具有代表性的典型事件，让学生在案例的阅读、思考、分析与讨论中，建构起一套适合自身的完整而又严密的逻辑思维方法和思考问题的方式，以便提高学生分析问题、解决问题的能力，进而提高学生的综合素质。

2. 较强的综合性

综合性体现在两个方面，一方面是案例较之一般的举例，内涵更为丰富，实际情景也更趋复杂多样性；另一方面是案例的分析、解决过程也较为复杂，需要综合和判断各方面的信息，并借助相关学科研究工具和方法展开具体分析，以便为决策和建议提供合理支撑。学生不仅需要具备基本的专业理论知识，而且应具备审时度势、权衡应变、果断决策的能力，往往需要学生综合运用各种知识和灵活的技巧来创新性地处理问题。

3. 深刻的启发性

案例分析不是为了得到标准答案，而是为了促进头脑思维的发展，启发学生独立思考、探索及运用思维的力量从熟悉的情景迁移到一个类似的新的问题情景中去的超常能力（Hunt，1951），这就为学生未来解决类似场景或问题提供了一个良好的"预演"机会。

4. 生动的实践性

学生接触并学习到大量的企业实际案例，并从这些贴近现实企业案例的大量繁杂信息中找出有用信息，进行思考和判断，这就潜移默化地实现了从理论到实践的认知转化。

5. 学生的主体性

不同于传统讲授式教学，案例教学法让学生在教师的引导下，参与进来，以自身为中心，深入案例、体验案例角色，成为学习的主体。

6. 过程的互动性

在案例分析过程中，普遍存在教师个体与学生个体的交互，教师个体与学生群体、学生个体与学生个体、学生群体与学生群体的交互，也就是常说的"师生互动""生生互动"，这体现了案例分析过程中的多渠道互动性。

7. 结果的多元化

案例分析一般没有标准答案，尤其是非结构型案例，关键看学生的思路与逻辑性，只要能言之有理，从案例中推断出符合逻辑的结果，就认为是合理的。

（三）案例分析的作用

1. 对现有理论、知识和经验进行学习的需要

案例分析最主要的作用就是学习的需要，通过案例教学向学生传递有针对性、有教育意义的有效载体，让学生通过扮演企业总经理、部门经理或担任重要职务的角色，去体验企业组织中关键岗位的责任并执行具体业务，得以面临企业管理中各类问题并进行分析、判断和处理，从而达到通过案例分析对学生进行说服和教育的目的，同时也可让学生巩固和加深对所学内容的理解，提高综合运用所学知识解决实际工作中管理问题的能力。该作用通常体现在对新员工、管培生、经营干部和后备人员等培训中，培训内容可以是学习能力、观察能力、适应新情况能力和业务操作能力等多个方面。

2. 对现有理论、知识和经验进行验证的需要

案例分析另一重要作用是验证的需要，根据给定的背景材料，需要学生运用逻辑推理方法，依据一定的理论知识和具体分析方法提出问题，做出决策、评价或提出解决问题的具体方案或措施等。这类案例往往综合性强，不仅考查学生对知识的了解程度，而且考查学生的理解和运用知识能力，尤其是综合、分析和评价等高层次的认知能力。因此，案例分析可以成为验证模型和推理结果准确与否及适用情形的有效工具之一。

3. 对未知概念和理论进行探索的需要

案例分析还有一个重要作用就是探索的需要,即通过选择一个或几个案例为对象,系统地采集数据和资料,进行深入研究,探讨某一现象在实际生活环境下的状况,归纳总结出事物的一般性、普遍性的规律知识,从而获取新知识和新理论。

(四)案例分析的步骤

1. 问题的识别

快速阅读案例,发现问题、判断问题的性质与类型,注意案例开头或结尾的提示,反复仔细阅读直到对案例中相关信息了然于胸。必要时,对案例中的背景、关键性事实、面临的难题、利弊条件及主要论点等进行记录。识别问题时既要考虑案例中的观点或立场,又要能超越案例进行思考。

2. 问题的进一步界定和澄清

对案例中管理者所扮演的角色和面临的主要问题进行界定,设身处地地进行分析。鉴于问题的症结可能会比较零散而繁杂,对整理出来的问题有必要根据研究目的和具体情况进行分类并筛选出关键问题,从而实现对已知信息的去伪存真、去粗取精,直至抓住问题的主要矛盾。

3. 确定研究框架及涉及的领域

概括问题,将需要解决的主要问题及其涉及的主要领域一一列出,放在适当的背景下去分析思考,并考虑适宜的理论分析框架,最终实现透过现象看本质,找到问题背后的深层次原因。

4. 提出多种解决方案

针对所列问题及其原因,采取诸如德尔菲法、头脑风暴法、抽象提前法、5WHY等方法,集思广益,列出这些问题的各种解决方案及其依据。如果提出的对策没有新意、属于一般性对策,教师要适当予以提示和引导,促使学生更加深入思考,将解决方案进一步细化和具体化。

5. 提出决策标准,并做出决策

根据决策标准,采用定性与定量结合的方法进行比较与择优,并提供必要的证据予以支持。最后进入实施阶段,同时要求根据新的信息不断完善该方案,确保达到预期目标。

第二节 物流案例分析基本框架

一、物流案例分析的概念

物流案例分析是对物流企业或企业物流的真实环境、经营过程、所面临问题或处境的综合描述与分析探究。不同的环境、不同的行业，发生时间地点不同，对物流的影响因素也会发生变化，解决问题的方式方法自然也应有所不同。

二、物流案例分析的五部曲

David Taylor 提出的物流与供应链案例分析基本框架，分为五大步骤，人们形象地称之为"物流案例分析五部曲"。利用此分析框架，可以对具体物流案例进行针对性地分析。

步骤（一）：环境和现状分析

分析企业物流案例，首先要对目标企业物流运作环境和现状进行分析，主要包括商业环境分析、供应链结构分析和供应链绩效分析。其中商业环境分析包括企业外部环境分析、产业竞争分析和企业内部资源能力分析等三个方面；供应链结构分析则可根据结构分析对象分为供应链流程分析、企业组织结构分析和物流部门组织结构分析等三个部分；供应链绩效分析可根据分析层次划分为针对单一物流功能层次的绩效评价与针对整体供应链运作层次的绩效评价。

步骤（二）：问题识别与原因整理

物流系统出现问题与改进的信号时，如客户抱怨与投诉增加、存货积压、交货延迟、物流成本过高等，其本质都是需要重新在服务与成本之间进行权衡与改善，并对物流运行方案进行调整与优化。识别问题背后的原因可以通过定性或定量的手段来实现，如可通过绩效评价结果来发现问题，然后通过梳理各类问题之间的关系来明确问题背后的原因。常用的方法较多，如鱼骨图、绩效

评估矩阵法、价值工程等。

步骤（三）：解决方案产生

解决方案的产生本身是一个创造性思维的过程，需要结合实际问题及其背后的原因，提出创新性的解决方案。方案获取的途径可以来自企业或部门内部、供应链各参与方，也可以来自外部咨询机构、专家、智库等。

步骤（四）：方案评价与选择

方案评估需要综合考虑每种方案的优缺点、可行性、公司预算、投资回报率、员工对方案的支持度等因素，借助相关专业知识和实践经验，通过定性方法或建立定量模型来辅助做出决策。该步骤往往需要借助相关学科的知识或工具方法才能做出合理的评价与选择。

步骤（五）：方案实施

方案的实施需要综合考虑方案所需资源、时间进度、方案实施差异如何监控，以及实施推动力与限制力比较、变革管理等因素，以确保方案的顺利执行。

第三节 物流案例分析常用工具

一、商业环境分析方法

（一）外部宏观环境分析

外部环境是企业范围之外有能力影响企业一切因素的动态环境。企业需要通过"外部审查"来界定和客观描述企业当前所处的外部环境。最常用工具是 PEST 环境分析模型，即从政治（Political）环境、经济（Economic）环境、社会（Social）环境、技术（Technological）环境四大层面对影响企业的主要外部宏观环境力量进行分析、评估，据此制定适当策略，以减少外部风险造成的影响，并利用可能的机会实现自身目标。在 PEST 基础上，如果要突出法律因素与自然环境因素的影响，则可将法律（Legal）环境从政治环境中分离出来，将自然环境（Environmental）从社会环境中分离出来，则形成更为综合的 PESTLE[①] 分析模型。此外，在 PESTLE 模型的六个因素基础上，还出现了加入文化（Cultural）因素后的 SLEEPT-C，加入国际化（International）和人口（Demographic）因素后的 PESTLIED，以及加入本地（Local）、国家（National）和全球（Global）因素后的 LONGPESTLE 版本等多种变体模型。

为应对和减少环境不确定性程度，斯蒂芬·罗宾斯（Stephen P. Robbins）在 1990 年提出两种一般性战略，一是通过内部战略，即调整或改变企业的行为以适应环境，如范围选择、环境审视、缓冲与调整方法、地区分布方法等；二是通过外部战略，即尝试改变外部环境以适应企业需要，如广告宣传、合同方法、招纳方法、联合方法、游说方法等。此外，还可考虑从稳定性与复杂度两方面建立环境不确定性分析框架，分为简单稳定、复杂稳定、简单不稳定与复杂不稳定四种环境状况。

（二）产业与市场微观环境分析

分析产业与市场微观环境的工具较多，本书仅简要介绍波特五力模型、竞争对手的四导向分析表和产业内部的战略群体分析等工具。

1. 波特五力模型

波特五力模型又称波特产业环境分析模型或波特外部动力模型，是迈克尔·波特 1885 年在《竞争战略》一书中提出的产业结构分析基本框架。他认为，每一个产业中都存在着五种基本竞争力量，即供应商的议价能力、购买者的议价能力、潜在竞争者进入的能力、替代品的替代能力和行业内竞争者现有竞争能力。这五种力量共同决定产业竞争的强度与产业利润率，企业战略越能为五种竞争力提供防卫，越能够以有利于企业的方式改变其竞争压力，获取持久竞争优势，企业的竞争战略就越有效。后来他又提出了行业竞争结构分析模型，并建议从定性和定量两方面分析行业的竞争结构和竞争状况。

[①] PESTLE 是一种常用的宏观环境分析模型，由 PEST 分析衍生而来，随着分析对象和考量重点的不同，也出现了 PESTEL、STEEPLE 等扩展变形。

2. 竞争对手的四导向分析表

四导向分析表即从长远目标、现行战略、基本假设与能力四个方面来分析竞争对手，着重关注竞争对手在面对行业变化或面临竞争威胁时可能做出的反应。其中长远目标是要确定竞争对手的动力是什么，从而有助于企业各管理阶层确立目标和综合目标；现行战略是要确定竞争对手能做什么，在做什么，从而有助于企业确定当前如何开展竞争；基本假设是关于自身及其所在行业的假设判断；能力是确定竞争对手的优势与弱点，为企业提高核心能力、增值能力、快速反击能力和应变能力提供思路。

3. 产业内部的战略群体分析

战略群体分析介于行业总体分析与单个企业分析之间，是用来分析行业中各个竞争厂商所占据的竞争位置，其作用是帮助企业确定所在群体的竞争状况、驱动因素与"移动障碍"，并预测市场变化或发现战略机会。这里的"战略群体"是在产业内执行相同或类似战略，并具有类似战略特征的一组企业。识别战略群体关键特征的指标可以是差异化程度、细分市场数目、分销渠道类型、品牌数量、营销力度、纵向一体化程度、产品服务质量、技术领先程度、研发能力、成本定位、资源利用率、价格水平、装备水平、所有者结构、与外部利益相关者的关系、组织规模等。战略群体分析的操作步骤，第一步是确定关键特征，勾画战略群体。通常选取不具有强相关性的两至三项指标对产业内企业群体进行分类，如以营销力度（营业成本/销售额）与地区覆盖程度建立直角坐标系，目的是把握行业中竞争的方向与实质。第二步是划分区域，明确移动障碍。确定企业所属战略群体，以及与其他战略群体的差异；分析群体之间的移动障碍，尤其是企业可能进入的近邻目标群体的进出障碍和企业所在群体的进出障碍。第三步是分析企业发展方向和战略目标选项，结合群体内外竞争与企业优势，确定企业的战略目标；针对竞争较小或潜在可进入群体，分析其规模、进出的机会成本，以及企业进入会引起的针对性反应。第四步是确定企业未来战略区间，制定相应策略。根据当前与未来定位的变化与战略目标，找出战略群体发展的关键因素，并制定相应的发展策略，兼顾与主要竞争对手的双向博弈。

（三）企业内部资源能力分析

企业内部资源能力的常用分析工具有对学习能力判定的学习曲线（Learning Curve），对边界刻画的价值链（Value Chain），对成功战略架构的基本竞争战略，对业务能力与市场能力研判的波士顿矩阵（BCG），对组合分析关键路径选取的SWOT分析模型，对战略地位和行动评估的SPACE矩阵等。

1. 波士顿矩阵

波士顿矩阵认为决定产品结构的基本要素包括市场引力和企业实力，其中市场引力包括整个市场的销售增长率、竞争对手强弱及利润高低等，企业实力包括市场占有率，技术、设备、资金利用能力等，通常该矩阵以横轴为相对市场占有率，纵轴为市场增长率，将坐标系区间划分为高增长强竞争的"明星产品"（Stars）、高增长低竞争的"问题产品"（Question Marks）、低增长强竞争的"现金牛产品"（Cash Cows）和低增长低竞争的"瘦狗产品"（Dogs）四种类型，其目的是通过划分产品所处象限，企业相机采取不同决策，以实现其产品及资源分配结构的良性循环。

2. 基本竞争战略

迈克尔·波特提出了企业的三种基本竞争战略，他认为企业必须从总成本领先战略（又称低成本领先战略）、差异化战略、集中化战略（又称目标集聚战略或聚焦战略）三种战略中选择其中一种作为主导战略，以更好地应对产业竞争的五种力量。随后有学者结合企业实际，提出了针对企业不同业务的混合战略，并以二维坐标轴的横轴表示产品是偏向低成本还是差异化，纵轴表示业务是偏向聚焦还是广泛，据此提出细化的低成本聚焦战略和差异化聚焦战略。此外，还有学者进一步提出最优成本战略，即更低价格下的更高品质，如中等品质低价格或者高等品质中等价格等。

3. SWOT分析模型

SWOT分析模型是将EFE矩阵（外部因素评价矩阵）和IFE矩阵（内部因素评价矩阵）结合作为信息输入，从内部优势因素（Strengths）、劣势因素（Weaknesses）、机会因素（Opportunities）和威胁因素（Threats）四方面综合考量组织内外部因素、权衡外部环境（机会与威胁）和内部能力（优势与劣势）的一种决策分析方法。SWOT分析模型非常灵活，可应用于市场分析、业务开拓、策略计划、研究报告、商业计划、竞争对手分析等不同场景中。

4. SPACE 矩阵

战略地位与行动评价矩阵（Strategic Position and Action Evaluation Matrix，简称 SPACE 矩阵）主要分析企业外部环境及企业应该采取的战略组合，其建立步骤是：

（1）选择构成财务优势 FS（Financial Strength）、竞争优势 CA（Competitive Advantage）、环境稳定性 ES（Environmental Stability）和产业优势 IS（Industrial Strength）的一组变量；

（2）对构成 FS 和 IS 轴的各变量给予从 +1（最差）到 +6（最好）的评分值，对构成 ES 和 CA 轴的各变量给予从 -1（最好）到 -6（最差）的评分值；

（3）将各数轴所有变量的评分相加，再分别除以各数轴变量总数，从而得出 FS、CA、IS 和 ES 各自的平均值，并将平均值标在各自数轴上；

（4）将 X 轴上的两个分数相加标在 X 轴上，同理将 Y 轴上的两个分数相加标在 Y 轴上，标出 X、Y 数值的交叉点；

（5）自 SPACE 矩阵原点至交叉点画一条向量，该向量表明了企业可采取的战略类型：进取、竞争、防御或保守。

二、供应链结构分析

供应链结构分析包括供应链层面的结构分析、企业层面的结构分析和物流部门层面的结构分析。其中供应链层面的结构分析是指供应链网络结构模型，主要有物资流动分析模型、SCOR 模型和 DP 点分析等方法。企业层面和物流部门层面的结构分析分别指的是企业的组织结构分析和物流部门的组织结构分析，涉及各节点的责任、权利和义务，以及各节点之间的关系。

（一）供应链网络结构模型

供应链网络结构模型是由与核心企业相连的成员组织构成的，从原料或零配件供应的起点开始，通过生产制造环节和分销配送环节，直到最终用户手中的物品流动示意图。该结构模型包括供应链成员（即供应链节点）、供应链网络结构变量和供应链供需连接方式（即节点连线）三个要素。

1. 物资流动分析模型

如果不考虑供应链网络结构变量,则供应链网络结构模型可简化为供应链流程分析。从物流功能来讲,供应链节点体现为制造、存储、批发、零售等功能,节点连线表示物资流动方向,是有向箭头,体现为运输、搬运和配送等功能。绘制物资流动分析模型没有固定的标准,往往需综合考虑所研究的问题和供应链本身的实际情况。

2. SCOR 模型

SCOR(Supply Chain Operations Reference)模型,即供应链运作参考模型,是联合国推荐的由美国供应链委员会(Supply Chain Council,简称 SCC)开发的跨行业标准供应链参考模型和供应链诊断工具。该模型由四大部分组成,第一部分将整个供应链界定与分解为货源搜寻(Source)、制造(Make)、交货(Deliver)、退回(Return)、计划(Plan)等五个流程,简称 S、M、D、R 和 P,其中前四个是供应链执行过程,P 对其他四个流程起到整体协调和控制作用。然后分别从供应链划分、配置和流程元素三个层次切入,描述了各流程的标准定义、对应各流程绩效的衡量指标,提供了供应链"最佳实施"和人力资源方案。运用 SCOR 模型能测评和改善企业内、外部业务流程,使企业内、外部用同样的语言交流供应链问题,客观地评测其绩效,明确供应链改善目标和方向,从而使战略型企业管理成为可能。

绘制 SCOR 模型时,通常采取下列步骤:

(1)选择要建立模型的经营实体(地理、产品组合、组织等);

(2)确定 S(货源搜寻)、M(制造)及 D(配送)的发生位置;

(3)由"实线"箭头标明供应链节点到节点的物资流;

(4)应用适当的供应链运营流程(即 S、M、D 等)来标明每一供应链节点的活动;

(5)描述每一供应链"线条";供应链线条把物资经过的供应源、制造、配送以及供应链流程联系在一起,有助于了解供应链中哪些是共同的执行过程,哪些是独立的执行过程;

(6)用虚线表达计划过程,以显示与执行过程的联系;

(7)如果信息允许,标注 P1,P1 是通过汇总 P2(货源搜寻计划)、P3(制造计划)以及 P4(配送)的结果。

3. 存货缓冲点分析

存货缓冲点（Decoupling Points，简称 DP 点）反映供应链中的存货主要集中的位置和形态，其位置要定位在预测驱动的活动与订单驱动的活动之间的一个分界点上，以平衡成本与客户服务水平，管理不确定性因素。如图 1-2 所示，通常 DP 点的定位取决于库存特点、市场需求、时间偏好与成本等因素。

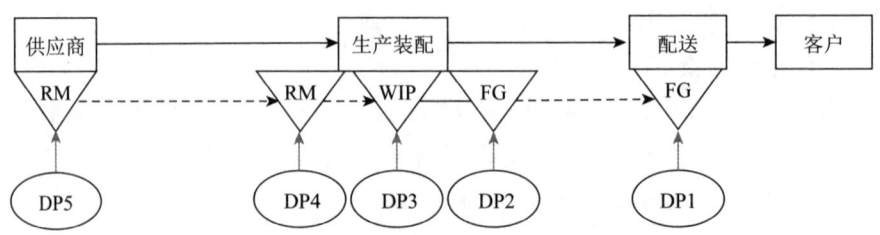

图 1-2　DP 点在供应链中的位置

DP1：渠道直接发货。DP1 的存货离客户最近，通常在流通领域仓库或配送中心（Distribution Center，简称 DC），顾客响应时间最短，客户服务水平最高，一般以成品（Finished Goods，简称 FG）方式储存，但是存在库存高、存货点分散、对应的库存成本或价值高、对市场需求预测总量与区域需求结构预测要求高等问题。

DP2：按库存生产。成品集中存放于工厂内，收到顾客订单后可直接发货。相对 DP1 而言，顾客响应速度有所下降，但存货点集中，变分散库存为集中库存，整体安全库存水平下降，市场需求也仅需预测总量即可。

DP3：按订单组装。存货以在制品（work in progress，简称 WIP）或半成品的形态存在于工厂生产仓库，收到客户订单时才开始组装成品并发送。如市场需求发生变化，该存货可以用来组装其他成品，但专属物料例外，故仍需对专属物料所对应产品的市场需求总量进行预测。

DP4：按订单生产。只保存原材料（raw materials，简称 RM）和零部件存货。一旦收到客户的订单，就开始进行生产制造，把产品完整地生产出来，然后运送出去。DP4 一般不需要进行市场预测。

DP5：按订单设计。收到订单后，才开始进行产品设计，然后从供应商订购原料和零部件进行生产。与 DP1 刚好相反，存货离客户最远，顾客响应时间最长，存货点分散，但对应的库存成本或价值也最低。

上述五种 DP 点又可以概括为三大类，分别是备货型生产（包括 DP1 和 DP2）、订单型生产（包括 DP3 和 DP4）以及定制型生产（DP5）。

（二）组织结构分析

组织结构是指为实现组织目标，在管理工作中进行分工协作，在职务范围、责任、权利、义务等方面所形成的结构体系。组织结构分职能结构、层次结构、部门结构和职权结构四大方面。目前，组织结构日益向扁平化、网络化、多元化、无边界化和柔性化方向发展，其主要结构类型有：

1. 直线制

直线制是最早最简单的组织形式，企业实行自上而下垂直领导，不设职能机构，具有结构简单、责任分明、权力集中、命令统一的优点，但对行政负责人决策要求高，只适用于规模较小、生产技术较简单的企业。

2. 职能制

职能制是设有职能机构协助职能管理工作的组织形式，优点是充分发挥职能机构专业管理作用，缺点是妨碍了必要的集中领导与统一指挥，不利于建立健全各级责任制，容易出现多头领导。

3. U 型

U 型又称直线－职能制或生产区域制，是一种按职能划分部门的纵向一体化职能结构，吸取了直线制和职能制的优点，也是目前绝大多数企业采取的组织结构形式。该组织结构分直线领导机构与职能机构，前者按统一原则对各级组织行使指挥权，负总的责任；后者按专业化原则从事各项职能管理的组织工作，并提供业务指导。该组织结构便于企业实行集中控制与统一指挥，但职能部门之间协作和配合性较差，往往需向上层领导报告请示后才能处理，导致办事效率低，为此需要设立各种综合委员会，或建立各种会议制度，以协调和沟通各方面的工作。

4. M 型

M 型又称事业部型，是美国通用汽车总裁艾尔弗雷德·斯隆（Alfred P. Sloan, Jr.）（1924 年）提出的，根据业务按产品、服务、客户、地区等设立半自主性的经营事业部，实现战略决策和经营决策相分离的一种高度（层）集权下的分权管理体制，事业部单独核算、独立经营，总部只保留人事决策、预算控制和监督权利,并通过利润指标对事业部进行控制。M型适用于规模大、品种多、技术复杂的大型企业。在M型结构基础上,为便于协调和控制,对多个事业部进行相对集中管理,形成几个"大组",就演变为超级事业部制的结构。

5. 模拟分权制

模拟分权制是介于U型与M型之间的结构形式,如连续生产的高铁、化工企业等规模庞大,但由于产品品种或生产工艺过程所限,难以拆解为若干个独立事业部,只能让模拟事业部的"生产单位"有自己的职能机构,享有尽可能大的自主权,通过"内部转移价格"确定各"生产单位"盈亏,以便调动各"生产单位"的生产经营积极性,解决企业规模过大、不易管理的问题,缺点是考核较为困难,且"生产单位"负责人在信息沟通和决策权力上存在明显缺陷。

6. 矩阵制

矩阵制把按职能划分的部门与按项目划分的小组结合起来组成矩阵,其特点是围绕某项专门任务成立跨职能部门的专门机构,成员接受双重领导,形式是固定的,人员却是可变动的,克服了U型结构各部门互相脱节、缺乏弹性的弱点,机动、灵活,非常适用于横向协作与攻关项目。而多维制是矩阵制结构的扩展形式,又称立体组织结构,是在矩阵制结构基础上构建产品利润中心、地区利润中心和专业成本中心的三维立体结构,每个结构层面依然是二维矩阵制结构。

7. H型

H型组织结构是一种多个法人实体集合的母子体制,母子之间主要靠产权纽带来连接,多出现在横向购并企业,有助于保持合并后各子公司的独立性,但缺乏必要的战略联系与协调。

三、供应链绩效分析

供应链绩效分析的目的是分析供应链管理的优劣,找出差距。优劣的评价依赖于评价基准,绩效基准可以来自企业内部,如与历史比、与目标比、与企业内部业务单元比,也可来自企业外部,如与竞争对手比、与国际先进水平比、与行业平均水平比或与行业标杆比。因此,供应链绩效管理的实质是标杆管理在供应链中的运用,在找出差距后分析差距背后的原因,分析哪些原因可控，哪些原因不可控，进而根据分析结果制定改进方案，通过方案实施提高整体供应链的绩效，这是一个持续不断的改进和优化过程。本书仅简要介绍平衡记分卡和 SaT 体系。

（一）平衡记分卡

平衡记分卡（Balanced Scorecard，简称 BSC）是常见的绩效考核方式之一，由罗伯特·卡普兰（Robert S. Kaplan）和大卫·诺顿（David P. Norton）于 1992 年提出，以信息为基础，系统地考量企业业绩驱动因素，将组织战略落实为可操作的衡量指标和目标值的一种多维度的平衡指标评价因素的绩效管理体系。BSC 最大的特点是集评价、管理、沟通于一体，将财务指标和非财务指标、长期目标和短期目标、结果性指标与动因性指标、滞后性指标与领先型指标、组织内部绩效与外部绩效结合起来，从财务（Financial）、客户（Customer）、内部流程（Internal Processes）、创新与学习（Innovation & Learning，又称"学习与成长"）四个维度建立评价体系。

（二）SaT 体系

SaT（Sink and Tuttle）体系建立在"供应商—投入—加工—产出—顾客—成果"模型基础上，共包含七项评价指标，即效率（投入）、有效性（成果）、生产率（产出/投入）、盈利能力、质量（加工）、创新和工作环境质量。该体系的突出特点是将企业绩效评价与战略计划过程紧密结合在一起。

四、问题识别与原因分析工具

问题背后的原因分析可借鉴质量管理中的"五人工具、七大手法"，其中五大工具包括统计过程控制、测量系统分析、失效模式和后果分析（Failure Mode and Effect Analysis，简称 FMEA）、产品质量先期策划、生产件批准程序；七大手法有"老七法"和"新七法"之分，"老七法"有分层法、检查表（又称调查表）、柏拉图（又称排列图）、鱼骨图、直方图、控制图（又称管制图）和相关图（又称散布图），"新七法"分别是系统图、关联图、亲和图、矩阵图、箭条图、过程决策程序图法（Process Decision Program Chart，PDPC）以及矩阵数据分析法等。此外，还可以采用 5WHY 法、绩效评估矩阵、根本原因分析（Root Cause Analysis，简称 RCA）、故障树分析（Fault Tree Analysis，简称 FTA）、树状图（Dendrogram）等多种工具进行分析，本书仅简要介绍绩效评估矩阵和鱼骨图。

（一）绩效评估矩阵

绩效评估矩阵可分为绝对绩效评估矩阵（Absolute Performance Evaluation Matrix）和相对绩效评估矩阵（Relative Performance Evaluation Matrix），前者反映企业客户服务绩效位于哪个层次或位置，后者反映与竞争对手绩效比较，企业的相对客户服务绩效。二者的目的都是要找出企业客户服务的薄弱环节，以便探求问题背后的原因，明确改进或努力方向，但是该方法只能发现问题而不能解决问题。具体步骤有：

（1）明确影响客户服务绩效的 KPI 指标（或项目），调研并分别针对指标重要性、企业绩效表现、竞争对手绩效表现给予从 +1（最差）到 +7（最好）的评分值，并计算出企业相对绩效表现得分（即"企业绩效得分 - 竞争对手绩效得分"）。

（2）以横轴为企业绩效表现得分（或企业相对绩效表现得分），以纵轴为指标重要性得分建立直角坐标系，按 1~3 分区间（或 -6~-2 分区间）得分为低，3~5 分区间（或 -2~+2 分区间）得分为中，5~7 分区间（或 +2 至 +6 分区间）得分为高的标准，将矩阵划分为 9 个格子，明确绝对绩效矩阵中"一定提高""提高""维持"或"降低"的格子，或相对绩效矩阵中"主要弱点""次要弱点""主要优点""次要优点"的格子，并标记出各指标横纵轴得分的交叉点，以此确定各指标的表现。其中相对绩效矩阵的区间可根据企业相对绩效表现得分的实际变动幅度进行调整。

（3）围绕绝对绩效矩阵中的"一定提高"与"提高"的指标或项目，以及相对绩效矩阵中的"主要弱点"与"次要弱点"等指标或项目，结合指标或项目的特点，分析并明确企业需要提高、维持或降低的服务项目，以便采取措施加以改善或优化。

（二）鱼骨图

鱼骨图（Fishbone Diagram），又名因果图、石川图（Ishikawa）、特性要

因图（又称"特性原因图"），是一种透过现象看本质来发现问题"根本原因"的分析方法。问题的特性总是受到一些因素的影响，通过头脑风暴法找出这些因素，并将它们与问题的特性值一起，按相互关联性整理为层次分明、条理清楚，并标出重要因素的图形。鱼骨图可划分为问题型、原因型及对策型等，其中问题型鱼骨图的各要素与特性值间不存在原因关系，而是结构构成关系；原因型鱼骨图的鱼头通常在右，特性值通常以"为什么……"来写；对策型鱼骨图的鱼头在左，特性值通常以"如何提高/改善……"来写。绘制鱼骨图的步骤：

（1）确定特性（鱼头），即要解决的问题，并画出主骨（箭头，指向特性）。

（2）选择大要因（大骨），现场作业一般分"人、机、料、法、环"，管理类问题一般分"人、事、时、地、物"，视具体情况而定，一般不少于4根大骨。绘制时，大骨与主骨成60度夹角，注意大要因须用中性词描述，中、小要因须用价值判断。

（3）用头脑风暴法尽可能找出所有可能的原因，并归类、整理形成要因。注意归类时以关联性最强者为标准，大小原因之间按照上下位关系、原因—效果关系进行归类，并将原因整理描述为语法简明、意思明确的要因。

（4）找出中要因（中骨）、小要因（小骨）、细要因（细骨）等并进行连接，注意中骨与主骨平行，要因应一直划分至解决对策为止，通常每根大骨至少应有3根中骨，每根中骨至少应有2根小骨，合计每个特征要因图不少于24个小要因，且不能重复。

（5）选取并用特殊符号标识重要因素。一般不超过七项，且标识的是最小要因。

第四节　物流案例分析报告撰写框架

一、物流案例分析报告框架

物流案例分析报告撰写前，需要做好各方面准备工作，包括读懂案例、设身处地站在角色角度分析问题、概括问题、提出方案、确定决策标准、做出决

策、提出建议等。

二、物流案例分析报告撰写内容

物流案例分析报告撰写的内容一般应包括：

1. 摘要

摘要应简明扼要，一般需明确下列问题：什么企业？什么供应链？遇到的主要问题是什么？站在谁的立场上来分析和解决问题？

2. 背景与现状分析

概况案例情况，并运用合适方法去分析该案例组织的背景与现状，主要涉及市场环境分析、组织结构分析、流程图分析、产业组织或行业特征分析、产品或服务分析、企业战略分析、绩效分析等。

3. 识别问题与要点分析

列出存在的问题，并分析问题与问题之间的逻辑或上下位关系，目的是找出问题背后的根本原因。

4. 改进建议与方案

针对发现的问题及其原因，提出相应改进或优化的对策建议或策略方案，必要时可运用相关方法评价所提建议/方案的优劣。

5. 结论

总结，并对方案初期的问题解决程度与未来的预期效果进行综合评述。

三、案例分析报告撰写技巧

1. 要有个人见解

避免单纯复述或罗列案例提供的事实，要发现经营管理中已经出现或潜在的问题，对这些问题加以逻辑排列和分类，从中抓住主要矛盾。

2. 文字表达要开门见山

使用小标题使论点突出，在各段落开始，应突出主题句，并采用陈述句支持主题句，思路清晰，层层深入，逻辑性强，以便于他人理解和接受。

3. 提出的建议要全面和有操作性

建议既要符合具体情况，有明确的针对性，又要注重全面性和可操作性，避免偏题或泛泛而谈。虽然案例一般没有标准的答案，但要求分析符合逻辑，言之有理有据，观点和建议方案有充分的信息支持和必要的论证，并进行合理的比较。

4. 对假设或虚拟的条件做必要的说明

案例中所给信息，有时是不完整的，可能缺乏决策所需要的必要决策信息和决策条件，因此，需要做一些必要的假设。

 习题与思考

1. 简述案例的特点与类型。
2. 简述案例教学法的实施步骤。
3. 简述案例分析的特点、作用与步骤。
4. 简述物流案例分析五部曲的步骤。
5. 除本章所介绍的物流案例分析工具外，说说您所熟悉的其他常用物流案例分析工具。
6. 简述物流案例分析报告撰写的主要内容。

第二章

典型物流案例与分析

学习要点

- 面向问题、面向解决方案的物流案例分析思想;
- 物流案例分析的基本思路与主要方法,物流案例分析报告的撰写;
- 结合案例信息,针对商业环境、供应链结构、供应链流程、供应链时间和供应链绩效等展开具体分析;
- 针对案例中的供应链分类问题、供应链选择问题、物流外包问题、供应链运营问题、配送与客服问题、库存管理问题等展开具体分析;
- 结合具体案例,培养分析问题、解决问题的能力。

第一节 供应链结构问题案例

案例 2-1-1:VC 公司组织结构与问题清单

VC 公司是坐落于天津的一家中外合作企业,面向中国市场生产高品质轿车,产品分为 6 大系列、数十个品种。VC 公司发展迅速,拥有高度集成的、先进自动生产线的工厂,市场占有率一度超过 30%。但进入 20 世纪末,VC 公司产品销量下滑、成本上升,利润急剧下降,面临巨大的销售压力和成本压力。

为此,公司委派物流总监 W 先生解决该问题。W 先生通过外部市场调研发现：汽车产品本身具有技术含量高、工艺复杂、分工细致、专业性强等特点。市场上，客户选购汽车不仅关心性能，也注重品牌，关注公司产品宣传和制造商形象，而且对提货时间要求较高，愿意为此多花费用。当前，汽车供应市场竞争日趋激烈，VC公司拥有国内450多家、国外20多家零部件供应商，但竞争对手总能快速推出新车型满足市场新需求，且零部件的成本更低，技术也更好。

目前，VC公司组织结构和物流部门组织结构如图2-1和图2-2所示。公司常委会由总经理和副总经理们组成，采购部门负责管理供应商，组织供应商评审，进行商务谈判，协调供应商与公司内部的关系。销售部门负责整车销售、市场开拓、客户研究等，还承担处理客户订单，制订销售预测，协调成品物流的工作。物流部门既要与供应商联系，进行日常要货，又要与销售部门合作，根据销售部门接到的客户订单及提供的销售预测信息，结合工厂生产情况制订生产计划，确保生产计划的执行。同时，根据其他部门传递来的技术信息维护物料清单（Bill of Materials，简称BOM），发出零部件订单，控制零部件与在制品库存，与第三方物流合作管理运输、仓储、包装等物流环节，并进行各类分析，优化公司物流管理工作。

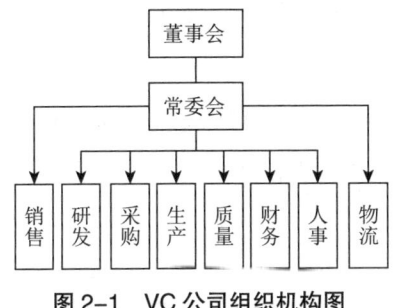

图2-1　VC公司组织机构图

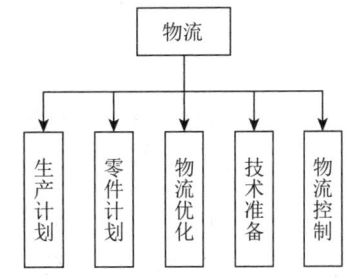

图2-2　VC公司物流部门组织机构图

VC公司的零部件供应商分国内和国外，从发订单到收到货物时间跨度为1周，主要为供应商生产、包装和公路运输时间，但某些国内供应商从海外采购原材料的采购周期长达3个月；国外采购周期与供应商地理分布有关，海运一般为10~11周，包括5周的准备期（订单传递、备货、包装、出口报关），海运运输期（南美和非洲为5周，其余为4周），以及口岸通关和内陆运输时间（1周）。如采取空运，运输周期缩短为1周，其他时间不变。销售渠道通过销售部门在本市的总部发往遍布全国的 30 家分销中心（SC1 至 SC30），再由这些分销中心通过近千家经销商出售给客户，VC 公司的销售部门负责统一管理销售信息的反馈、市场调研、推广活动的执行和经销商培训等。实际操作中，销售部门把成品车库存控制在两周的预测销售量上，根据产品整车现有库存和销售预测，制订一份"产品需求计划"提供给物流部门。物流部门再根据生产计划与零部件库存制订零部件需求计划。数据分析显示，公司销售预测能力比较薄弱，中长期预测与实际销售结果存在高达 30% 左右的误差。

W 先生搜集了来自供应链各主体反馈的问题并整理成问题清单。其中，供应商抱怨其库存不能应付物流部门不断变化的需求，即便保留较高的原材料库存，有的甚至超过 2 个月的库存，但仍然不时地出现短缺。销售部门抱怨市场需求的产品型号总是来不及生产，错失商机。生产部门抱怨为应付产量的波动，各种类型的产品不能比较平均地排产，导致生产能力不能合理应用，且某些原料的短缺会导致临时改变生产计划，被迫制造其他不需要这个短缺品的产品。第三方仓储抱怨 VC 公司存放的大量呆滞物资占用了额外增加的仓储面积。公司采购员抱怨采购清单中缺少实际需要的零部件，导致加班加点紧急采购。进口报关员抱怨紧急采购过多，需要频繁与政府部门打交道。仓储管理员抱怨为了优化仓库利用率，不断转移零件存储位置，既增加了工作量，又导致零件存储位置难以准确查询。

根据上述资料，请从公司物流总监 W 先生角度分析并回答下列问题：

（1）结合波特五力模型或 SWOT 分析模型对 VC 公司汽车产品进行分析。

（2）绘制 VC 公司基于前置期（即提前期）的物资流动分析模型或 SCOR 模型，并说说如何缩短前置期。

（3）W 总监打算把安全库存统一设定为 2 周，你认为是否合适？为什么？

（4）请根据问题清单，采用适当方法梳理问题背后的原因，并给出相应的对策建议。

案例 2-1-2：SC 公司组织结构与前置期问题

SC 公司是 VC 公司的汽车零部件提供商之一，为应对来自 VC 公司降价的压力，考虑到物流成本占比较高，消减物流成本成为 SC 公司的首选方案。

SC 公司发展初期实行粗放型的经营策略，采取直线型组织结构，如图 2-3 和图 2-4 所示。总经理主要负责市场开拓和公司内部管理，副总经理负责管理生产相关部门。物流部门工作有三项，一是负责管理公司外地采购零部件和成品的仓储工作，制订进口零件需求计划，监督整个进出口业务；二是制订公司年、月、日生产计划，并制订国产零件需求计划和生产需求计划；三是负责生产所需备品备件的采购与管理，同时负责设计生产线所需的工位器具、物流专用流转器具等。生产部门负责半成品库存的控制及实际生产安排，物流部门负责供应物料、排产和成品配送。采购部隶属于财务部，主要承担新项目物料清单（BOM）的确认、国产化推进及签订供应合同。

原材料和零件进口采购周期分别为 6 个月和 3 个月，国内采购则分别为 3 个月和 14 天。在制品生产周期为 20 天，成品装配和储存平均为 3 天。SC 公司的客户包括上海大众、上海通用、一汽大众、长安福特等整车厂。对于市内客户，以货车卡车方式当天送货至该客户指定的仓库；对于市外客户，则可根据订单 7 天内向该客户附近租赁仓库发货，再由第三方物流运输、仓储并于当天配送至整车厂。

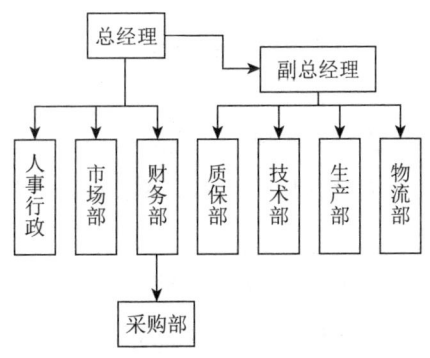

图 2-3 SC 公司组织机构图

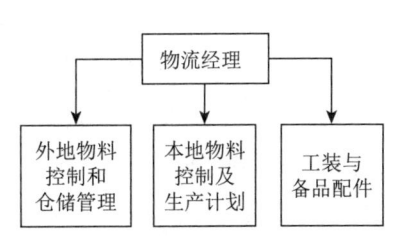

图 2-4 SC 公司物流部门组织机构

思考题：

（1）结合案例说说 SC 公司和物流部门组织结构及其职责设置是否合适？不合适的话应该如何调整？

（2）结合案例，分别计算理论上的客户最长和最短前置期，并就如何利用 SC 公司整体资源来缩短前置期提出解决方案。

（3）结合案例说说备品备件采购与零部件采购有何不同？

案例 2-1-3：BC 公司外部环境与订单问题

BC 公司是国内知名品牌饮料生产企业，下属多个品牌，品牌下又派生不同口味、不同包装的各种碳酸饮料。产品销售区域主要面向华北地区，客户近两万家。近两年，随着广告的大力投放和终端零售渠道的全面建立，市场推广工作变得容易，订单源源不断地增加。但是，BC 公司发现公司的销量虽然增长了，但利润率却下降了。为此，BC 公司利用 SWOT 分析法对公司竞争环境分析如下：

优势：BC 公司市场定位准确，目标消费群体为 22 岁以下年轻人；公司现有终端零售渠道稳定；公司具有品牌优势，容易获得消费者的认同；公司产品的口味激爽而清新，市场认可度高。

劣势：BC 公司是饮料生产的后来者，其产品市场竞争激烈；营销主渠道已被市场领先者占领，BC 公司直销的渠道运作烦琐；BC 公司终端渠道批量小，分销成本相对较高，消费群体较窄。

机会：越来越多的年轻人追求新潮；年轻白领更多愿意选择激爽的快餐饮食；差异化定位终端中，学生市场发展潜力巨大。

威胁：竞争对手强大攻势压制着 BC 公司的生存空间；替代品生产者如统一、雀巢、娃哈哈等不断抢占市场份额；消费者对自然饮品的追求影响到碳酸饮料未来的消费需求。

BC 公司年末全面盘点发现，许多分公司的成品仓库内有大量积压品，有的已经快过保质期了，而销售部却经常因为缺货向供应链部门投诉。为此，BC 公司专门成立一个小组来解决此事。小组对公司的销售、生产、仓储、物流环节进行了调查。在销售预测环节，发现销售预测是由各分公司销售部门制订，然后定期给

BC公司的销售部门，经过调整后输出给生产计划部门。生产计划部门根据销售部门的销售预测制订生产计划，销售预测的准确率在60%左右，虽然销售部门对预测的准确率进行考核，但考核分公司经理时却没有这一考核指标。生产批量方面，计划部门表示一般是每一个品种的生产批量都比较大，以前曾经试行过小批量多品种来安排生产，但遇到生产部门的强烈反对，因为生产线更换品种要停机做许多准备工作，而且生产中原料浪费较大，影响生产部门的产出和生产效率。分公司仓库管理调查发现，成品仓库中有的同一产品有多个批次，如某仓库的某个产品，最新的批次是上周生产的，而最早的批次到现在已经快过期了。与供应链配套的仓库管理、物流配送管理的水平却依然保持原来小规模订单的配套水平，致使客户的订单响应时间太长，24小时的送货承诺仅停留在口头。由于BC公司采取直销模式，选择小型零售商作为合作伙伴，最小7件的订单起点，合作门槛较高。相比其他对手，BC公司的经销商数量近两万家，存在规模小、资信差、管理水平差等不足，每吨货平均有10个以上的配送地，给第三方物流配送带来很大的不便。然而BC公司又不能轻易抛弃小的经营商，毕竟积少成多，况且对BC公司也能起到很好的宣传效果。BC公司将物流配送过程分为出厂、移库、入库、库存、出库、装卸、市配几个环节。分段看，BC公司每一段的成本控制都是很到位的，但从总体上看成本不少，正是因为BC公司将物流环节割裂开来，不能实现规模效应，不能实现供应链合理设计，才造成了分段测算成本低，整体效果却很差的结果。一个简单的问题，可能会因为涉及销售部、配送部、电脑部、财务部等不同部门而变得错综复杂和难以解决。为此，BC公司的管理层希望调查小组尽快完成调查，给出改进的意见和措施。

思考题：

（1）结合案例说说SWOT分析方法的应用，以及SWOT分析方法的实质。

（2）说说库存问题会给BC公司带来哪些危害，以及未来可能面临的更严重问题。

（3）请分析BC公司订单响应周期较长的可能原因。

（4）除订单响应周期过长外，请分析造成BC公司问题的其他原因。

（5）根据上述问题与背后的原因，给出你的改进建议。

第一节

参考答案

第二节 供应链流程问题案例

案例2-2-1：PB公司流程优化与布局调整

PB公司是世界著名的铁路客车制造商。为满足市场需求，PB公司拟在不增加投入的前提下，通过内部优化与改善，在一年内把目前长达3天/辆的产品生产周期缩短为2天/辆。

目前，铁路客车实行流水线式生产，分钢结构车间、喷涂车间和总装车间等三个主要生产车间。客车由9600多种零部件组成，基本件包括采购件和自制件，一般先将零件制造为组成部件，再加工为大部件，经36道工序后组装为整车。PB公司某工厂现有员工20人，包括1名主管，2名领班，1名文员，14名库管员和2名叉车工。工厂布局如图2-5所示，主要包括总装车间仓库、生产车间区域、工序区、入库区、集料区、收货区和办公区，仓库采用可调式货架存储，此外还有叉车、托盘、手推车等装卸搬运设备。在仓库初建时，按部件属性、类别进行区域划分，分上下两层，全部货架共36排、1584个库位，存放5500余种零部件。

入库程序为：自制件由车间生产完成后送到入库区，然后由叉车运入仓库指定位置，再由仓库保管员按货位上架。采购件由供应商运至仓库外面卸货区，卸货至预先准备的托盘上，由叉车运到收货区，经过质量检验和点数后运到入库区等待入库，然后由叉车运入仓库指定位置，再由仓库保管员按货位上架。

集料程序：由仓库管理员按照工作单所列出的发料清单，把每道工序所列出的零部件放到集料小车上，点数、填写出库单后运往集料区，再由仓库保管员发往各工序。

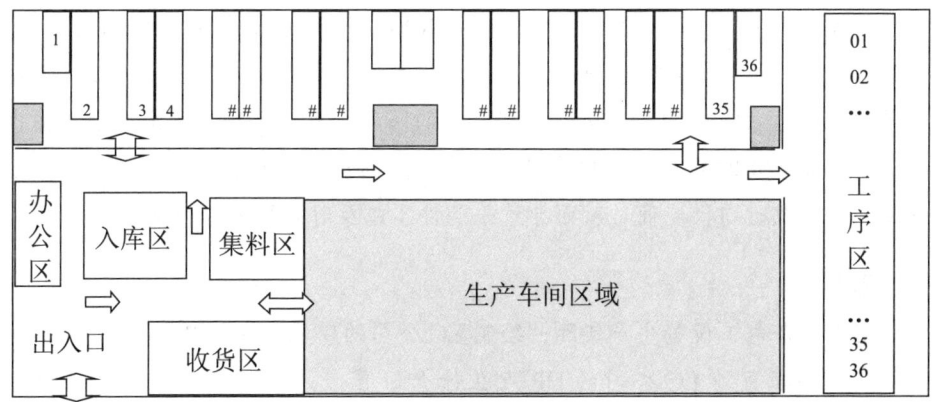

图 2-5 PB 公司某工厂布局图

思考题：

（1）请根据案例中自制件入库、采购件入库和集料出库程序，分别绘制流程图，并在图形旁用简要文字进行说明。然后对流程图进行优化，并绘制优化后的流程图。（注：○ 表示垂直操作，如装卸；→ 表示水平操作，如搬运；□ 表示原地操作，如点数、检验等。）

（2）根据优化后的流程图，结合现有工厂布局提出优化具体建议。

案例 2-2-2：EC 公司产品的交付时间问题

EC 公司是一家设计与生产大中型电工设备的制造企业，公司产品以品种全、配套能力强、质量优异在行业内享有盛誉。EC 公司会储备一些常用材料，而特殊的材料、机电产品和零部件因为大多价值较高，往往在需要时再单独采购，然后结合已有产品设计组织生产，最终组装并向客户交付全套设备。有时客户也会有一些产品性能或功能的特殊要求，此时 EC 公司的设计部门就会根据客户要求，对产品进行再设计或再调整，并经客户审查后组织生产。

EC 公司一直因为产品经常延迟交付，而导致客户的抱怨和投诉。EC 公司承诺的交货时间从两个月到半年时间不等，而实际交付的时间有时会延迟半个月，最长甚至达三个月。因为产品的价格动辄上百万，客户订货后要交纳 1/3 的定金，每当遇到延迟的情况，客户除了根据合同扣款，只能耐心等待，所以非常不满。而 EC 公司也为此损失了一些订单，甚至付出了违约金的代价。尽管 EC 公司一直努力尝试改变这种状况，但实际进展并不顺利。经调查，延迟交付的原因是多方面的，有生产计划制订的问题，有生产能力受限的因素，也有向供应商采购的特殊材料和零部件不能按期到达，甚至还出现由于流动资金短缺，不能及时向供应商付款而导致采购件不能及时采购等各种情形。

思考题：

（1）结合电工设备生产实际，绘制 EC 公司的供应链 SCOR 模型图。

（2）判断目前 EC 公司的 DP 点在什么位置，并说明交付时间长的根本原因。

（3）有人建议把 EC 公司的 DP 点移到 DP3 的位置，该建议是否可行？并说明原因。

（4）EC 公司应从哪些方面着手，改进产品交付时间存在的问题。

案例 2-2-3：VP 公司供应链库存问题

VP 公司是专业生产硬盘高清播放机的企业，其产品根据内置硬盘容量的大小，分别有 250G、500G、1TB、2TB 等多种规格，这些产品除硬盘容量不同以外，其他结构完全相同。VP 公司制造模式是按照营销部门提供的销售预测，编制主生产计划（Master Production Schedule，简称 MPS），然后运行物料需求计划（Material Requirement Plan，简称 MRP），分解出物料需求清单，进行物料采购。生产出成品后，放在仓库中，收到客户订单后直接发货。

VP 公司生产线每天的产能很大，基本可以满足每天订单的需求量。其主要材料——硬盘的供应商库存也比较大，在 VP 公司下达采购硬盘订单后，2 小时内可以到货。而其他部件，虽然交货周期长，但其价值相对较低，且不同型号可通用。因此，从下达硬盘采购订单到生产为成品，一般在一天以内，而 VP 公司的客户对交货期的要求是下达订单的 2 日内发货即可。

思考题：

（1）请分析 VP 公司的成品发生断货或者库存积压的原因可能是什么？

（2）VP 公司目前的 DP 点在什么位置？为改善供应链库存，你建议把 DP

点移到哪一个位置？这两个位置有何区别？

（3）如果 VP 公司准备按照你的建议改变 DP 点，那么 VP 公司的销售、计划、生产、采购、物流等部门应该做出哪些改变来保证新的生产方式顺利运行？

第二节

参考答案

第三节　供应链时间问题案例

案例 2-3-1：WK 公司的前置期问题

WK 公司是一家以机械制造为主的企业，经营的主要产品是精密温控仪器，主要用于中央空调、保鲜等领域。该仪器除关键部件采用国外技术外，大部分零件从国内采购。国内采购流程如下：供应部门接到采购需求后，将采购申请交由采购经理批复，由于采购经理经常出差，等待批复的平均时长为 1.5 周。采购订单发出后，交货周期为 2 周；零部件交货后，要验收、入库等操作，需要 1 周时间；产品生产组装与配送时间约为 1.5 周。

在公司产品中，有一款仪器 X-280 平均每周的销售量达 30 台左右，由于需求相对稳定，公司仅备有 1 周的零部件安全库存。而 X-280 最关键的精密热敏部件 WX-280（每台产品需要 1 套 WX-280）的价格是每套 500 美元，每套净重 20 千克，要从国外原装进口，目前没有其他替代供应商。

某日，销售部接到某华东大客户 100 台 X-280 的订单，但要求交货期为 3 周，销售部门未与其他部门沟通就向客户确认了该订单。等订单处理人员将该订单录入系统后，供应部发现 WX-280 只有 30 台，且这部分库存已经安排了订单，只是离客户要求的交货期还有一个半月而已。供应部立即向海外供应商紧急采购 100 套 WX-280，但是海外供应商表示该单货物最早于 4 周后发货，无法满足 WK 公司对交货时间的要求。为此，经与海外供应商充分协调，对方勉强同意将发货期提前至 2 周。

据了解，欧洲制造业很多工厂实行"见单生产"，WX-280 在欧洲的制造前置期一般在 4 周以上，加上海运的 1 个月的班轮运输时间（空运需要 1 周的时间），货到中国后办理进出口、清关手续至少1周的时间，其余时间同国内零部件的采购。因此，在国内 WX-280 没有库存的情况下，从 WK 公司销售部接到客户订单到产品生产完毕至少需要 3~4 个月的总前置期，这显然不能满足该华东大客户的要求。经过 WK 公司总部多方协调，最终多管齐下，采取各种措施勉强满足了华东大客户的订单要求。

后来，X-280 需求经过一段高速增长期后，订单量急剧下滑，这与市场上出现很多价格更低的替代品有直接的关系，而 WK 公司的供应部尚未得到相关市场反馈，仓库里还保有大量 WX-280，等到发现实际订单与原预测差异很大时，许多零部件已经在从欧洲运往中国的路上了。经调查，发现销售人员一般比较乐观，喜欢多下计划，以便随时提货。然而即便有一些订单因为各种原因被取消，销售人员也不会向公司取消计划中的这部分采购。还有一些原材料由于市场变化或生产工艺调整，需要量减少甚至不再需要，也会造成库存积压。此外部分产品的客户服务水平定得过高。供应部将这些情况反馈给总经理，没想到受到总经理的严厉批评，指出销售部门乐观是正常现象，供应部应该追踪订单，确保库存尽快降下来，并责成财务部来督办。在财务部经理大力推动下，许多原有虚拟订单被删除，供应部连续两个月的采购额，只有原来的 1/3，库存很快降了下来。

然而，没有多久新问题又出现了。由于销售旺季来临，不仅消耗了原来的库存，而且产生大面积缺货，尤其是 WX-280，这导致大批到期合同无法正常履行，即便采用空运弥补不足，也治标不治本，还增加了几十万元的成本。缺什么就补什么，导致不断有小件货物需要空运，生产也无法顺畅安排下去，各部门互相抱怨与指责。如某欧洲进口精密部件 PX33 温控保护装置，属于选配件，可避免设备因主机故障而被烧毁，销售部一般会推荐客户选配该部件，但该部件作为选配件不在物料清单中出现，供应部只能根据以往历史记录来推算预计的采购数量，而这种根据历史推算方法很难适应市场变化的需要。

生产部反映，由于产品销量增加，维修部件也相应增加，原本在计划中用于生产的部分部件，被临时用于维修，导致相当一部分机器不能按计划生产。销售部表示，目前客户服务部门要求客户满意率达到 99.5%，为了客户利益和公司信誉，宁可由于部分元件短缺而造成产量下降，也不能降低对客户的服务水平。财务部抱怨库存周转率不高，资金利用率不高，认为供应部工作效率不高，工作没有做好，不是缺件就是库存高。供应部也觉得很委屈，天天加班，库存过高或短缺有很多原因，简单把问题归咎于供应部显然并不合理。

思考题：

（1）计算 X-280 国内零部件的采购前置期、每批最大订购量和安全库存。

（2）计算 WX-280 零部件的采购前置期，并说说 WK 公司都可以采取哪些措施来满足华东大客户对订单时间的要求。

（3）如果你是 WK 公司的采购经理，长远来看，为了缩短采购前置期，可以采取哪些措施？

（4）销售部门应该做哪些工作，以便应对紧急订单的需求？

（5）WK 公司库存过高或短缺背后的原因是什么？应该如何解决？

案例 2-3-2：SD 公司前置期优化问题

SD 公司是一家专门从事快速消费品物流配送业务的新兴民营物流企业。公司自有配送车辆 30 台，在市区有大型仓库一座，面积 5000 平方米。李先生作为 SD 公司的物流总监，非常认同公司从事快速消费品物流的定位。他认为快速消费品物流进入门槛低，消费市场巨大，比较适合资金实力不足的民营企业。而且本市有世界 500 强的两家可乐公司设厂，有统一、雀巢、康师傅、娃哈哈等多家知名食品饮料公司，周边还有国内乳业巨头伊利和蒙牛。李总监的计划是：公司用两年左右的时间，通过与 3 至 5 家较大规模的客户合作，打造一个完善的区域快速消费品物流网络平台。

经过一番市场调研，李总监把合作目标聚焦在本地 MX 饮料公司。MX 是近年来饮料行业的黑马，发展速度很快。李总监拜访了 MX 的物流总监杜女士，了解到该公司拥有自营物流体系，有自己的车队、配送中心，甚至正在开发自己的物流配送软件。杜女士认为 MX 公司的物流配送体系正在日益完善，没有必要物流外包。虽然她对李总监外包的观点有一定认同，但仍心存顾虑。李总监又拜访了 MX 配送经理徐先生和仓库经理芮先生。徐经理透露，由于公司产品的季节性非常明显，每年的 1 月、11 月、12 月是淡季，6 月、7 月、8 月是旺季，其他月份比较平均。旺季时公司车辆每天经常要跑 16 个小时，司机非常疲劳，即便如此还经常出现不能满足公司 24 小时送货承诺的情形，甚至出现销售网点断货现象。而在淡季时公司车辆有近 40% 闲置。徐经理还向李总监详细介绍了 MX 公司目前的配送操作流程：

（1）每日下午 6 点订单处理中心停止接受订单。订单处理通常在 1~2 小时完成并传输到仓库。

（2）仓库收到订单后全部打印出来，打印时间通常要 2~4 小时。

（3）公司没有计算机配载系统，需要人工将全部订单先按照地理位置合并成不同的订单组，再按照公司车辆的载货量和具体线路将订单分到单车。这个过程通常要 3~6 小时。

（4）合并的单车订单要生成装车单。这个过程要 1~3 个小时。

（5）打印全部装车单需要 1~2 小时。

（6）第二天上午 8 点，送货车司机拿到装车单，到仓库逐个排队交单，由仓库拣货工拣选货物，这个过程通常要 1~3 小时。

（7）货物拣好后，由装卸工装车，司机负责监装，这个过程需要 1~2 小时。

（8）司机和装卸工一同开车送货到客户并卸货，因为每辆车一趟一般要送 10 家左右的客户，这个过程通常需要 1~5 小时。

在旺季以及一些公司的促销活动中，订货量经常持续增加，常常出现车辆不足的情况，每次都是临时找外部车辆协作，除了要耽误时间外，一旦找不到车，就要将订单压到次日，有的订单甚至积压到 3 天以后，造成许多客户投诉。

另外徐经理给了李总监一些公司的销售和配送前置期的统计数据，如表 2-1 所示。虽然这些数据都是过去的平均统计数据，但对于了解 MX 企业现在真实的物流和销售情况还是很有价值的。对表 2-1 中的数据进行分析后，李总监对拿下 MX 公司物流外包业务重新树立了信心。

表 2-1　2016 年 7 月份销售量和客户订单前置期统计数据

渠道	数量（家）	月均销量（箱）	月总销量（箱）	前置期（小时）
网吧	579	310	179490	48
学校	163	298	48574	48
超市	18	230	4140	15

续表

渠道	数量（家）	月均销量（箱）	月总销量（箱）	前置期（小时）
批发商	139	210	29190	18
其他	826	120	99120	24
宾馆	173	80	13840	36
加油站	95	55	5225	24
餐馆	1530	45	68850	18
便利店	631	10	6310	48
合计	4154	1358	454739	--

思考题：

（1）请解释订单前置期的概念？并计算 MX 公司目前最短和最长的客户订单前置期？

（2）参照表 2-1 中给出的前置期数据，如果配送能力不变（比如准时送达的家数不变），请定量评价 MX 公司 24 小时订单交付率表现，并说说 MX 公司应该如何做，以便提高订单交付率水平？

（3）请问 MX 公司不愿物流外包的可能原因有哪些？为此，SD 公司可以采取哪些措施，以便获得其物流外包业务？

案例 2-3-3：JL 公司价值链时间管理

JL 公司在日化用品市场上长期处于领先地位，为解决其 DC 库存水平高、货物保管不善、服务水平低下的问题，JL 公司开始了一个为期半年的项目。通过调查总结问题如下：

一是计划与执行缺乏同步协调。企业供需计划相互脱节，需求计划人员通常根据当月第三周的数据预测下一个月的情况，但是生产计划通常在当月的第二周就制定出来了。如果预测的情况发生变化，就很难再调整生产计划。

二是不同部门对某些概念理解有偏差。比如，存货计划人员按照标准的库存循环周期来补充库存，但是，配送部门则是按照货物在途运输时间来衡量是否准时到货的，也不管到货时间是否符合库存的实际要求。

三是仓库里有过多不适用的最小存货单位（Stock Keeping Unit，简称SKU），不仅占用了有限的仓库空间，而且使得JL公司难以对市场变化做出迅速反应。

四是仓库保管没有考虑商品的储存特性。比如，某日到达一批货物，有纸尿裤、香皂、洗衣粉和香水，仓库管理员按出库频率将香水归为A类货物，香皂、洗衣粉和纸尿裤归为B类货物，并将这四种货物放在仓库货架的第1列，其中香水和纸尿裤放在第1层，洗衣粉和香皂放在第2层，第3层和第4层空置。

根据这些调查结果，JL公司对内部业务流程和组织结构进行了重组。业务流程方面，着重改善了供需计划的制订过程。比如，JL公司现在把供需信息按照主要客户、特别促销、会员商店采购等科目进行分类。需求预测的方式也改为自下而上，与客户共同预测未来的产品需求状况。供给计划方面，JL公司致力于缩短产品到达它的DC的运输时间和到达客户处的时间，并开始使用专门软件来检查各个变量，如每周订单的历史记录和变化、预测准确度、生产运行周期、DC补充存货所需的交货时间等，以此决定存货的适度水平。组织结构方面，需求计划、供应计划、促销管理和配送都有各自的副总裁，并向CEO汇报工作。商品保管方面，结合商品储存特性、出货频率进行合理码放。此外，重新调整了部门经理的工作目标和激励机制，以便更好地支持公司价值链时间管理，从而通过重组把整个公司的员工凝聚在一起。

经过一段时间的试运营后，取得了非常积极的效果。DC的生产预测准确率由45%飙升到70%，库存水平降低了24%，SKU数量减少了约7个百分点，平均库存周转天数从126天降到115天，订单交付满意率从90%上升到98%，营业收入也有了大幅增长。

思考题：

（1）你认为一个企业是否应该拥有库存？有多少库存比较合适？

（2）结合案例说说这四种商品的储存特性，保管中违背了哪些原则，为什么？

（3）JL公司为什么要对内部业务流程和组织结构进行调整？

（4）谈谈你对JL公司在库货水平和服务水平方面进行改革的看法。

第三节
参考答案

第四节 供应链分类问题案例

案例 2-4-1：MS 公司的物料分类管理

MS 集团是一家跨地区的大型企业集团，旗下拥有 50 多家独立法人企业，遍布全国各地。目前集团年销售额为 100 亿元，年采购额为 60 亿元。随着采购量的扩大，MS 集团发现当前各企业自行分散采购的方式存在很多不足，主要表现在共同物料重复采购，导致集团整体库存量过大，物料利用率低。

为此，MS 集团计划对物资供应系统进行组织结构重组，即成立集团采购部、省区采购部和企业采购部，尝试按照共同物料价值的不同，建立分级采购管理模式。在企业采购部，采用物资超市的形式，即由供应商负责将产品放在仓库中，企业使用的时候才与供应商结算。MS 集团采用这样的物资管理体系，首先进行的工作是确定集团、省区、企业采购物资的范围与种类，为此，MS 集团将目前集团的主要物料进行了统计，如表 2-2 所示。

表 2-2 MS 集团主要物料使用统计表

物料编号	年平均使用（件）	单价（万元）
1	3	2.5
2	1	2.5
3	20	5
4	175	2
5	1	10
6	15	2

思考题：

（1）相比分散采购，集中采购有何优点？

（2）MS 集团依据什么原理对主要物料实施分级采购管理模式？试阐述该原理的内容。

(3)利用上述原理,将分类结果填入表2-3。

表2-3 MS集团主要物料分类表

物料编号	年使用价值(万元)	累计使用价值(万元)	累计使用价值百分比	分类

(4)企业采购部采用的物资超市模式的实质是什么?该方式可以给企业带来哪些益处?成功实现的关键又是什么?

案例2-4-2:HR公司供应商分类与管理策略

HR公司是国内一家大型家电制造企业,采购部主要负责公司生产物料、设备和维护、维修与运营材料(Maintenance,Repair and Operations,简称MRO)等物资的采购。近年来,市场竞争日趋激烈,产品毛利率逐年下降。为此,HR公司越来越重视采购的作用,采购部李经理决定对供应商网络进行优化。考虑到企业现有供应商数量众多,普遍规模小、技术水平低,HR公司计划建立一套完善的供应商评估体系来配合采购环节的变革,通过设立若干KPI考核指标,逐步淘汰不合格供应商,重点引入拥有长期供货经验的国际知名供应商,发挥供应商资源优势,搭建国际化供应网络平台。

由于家电制造企业产品物料种类繁多,供应商水平参差不齐,给管理工作带来了一定难度,李经理决定采用ABC-XYZ采购决策工具,首先对零部件与供应商进行分类,依据分类结果,建立不同程度的供应商关系,实施不同的采购管理策略。为此,公司采购部将物料进行如下分类:电子类部件简称X类(电脑板、压缩机、电机、电阻、电容等),系统类部件简称Y类(冷凝器、蒸发器、标准件、辅料等),机械类部件简称Z类(塑料、冲压钣金、泡沫、印刷、包装等);供应商按照ABC重点管理方法分类:A类供应商数量为5%,

供应量为 80%；B 类供应商数量为 15%，供应量为 15%；C 类供应商数量为 80%，供应量为 5%。

HR 公司大部分电子类部件和部分系统类部件对产品起着至关重要的作用，这部分供应商的部件质量、成本、交货期和参与研发等因素可以极大地影响家电企业的产品竞争力，比如该公司从知名供应商采购的电脑板，虽然成本高，但却是公司产品优于大多数竞争对手的重要前提。同时，采购部目前对供应商管理采用统一标准，对采购人员考核也比较单一，主要关注成本完成率。近几年，HR 公司市场扩张较快，采购部门工作量加大，采购员经常需要加班，但仍有部分物资供应容易出现短缺，尤其是空气压缩机，虽然价值不是很大，但经常缺货。在下年度公司预算规划中，公司高层要求采购部门降低物料供应成本 5%，并且降低采购部门经营费用。采购部为了完成公司预算目标，计划要求所有供应商在原有成本基础上降低 5% 的价格。

思考题：

（1）结合案例，运用 ABC-XYZ 分类法对供应商进行分类，并说说不同类型供应商关系管理的策略。

（2）请设计 HR 公司的供应商奖惩方案。

（3）HR 公司增加国际供应商给物流管理带来哪些难度？

（4）请绘制针对不同采购物资的供应细分分析图，并结合案例说说 HR 公司采购的电脑板和空气压缩机分别属于哪类物资？

（5）请结合案例，说说 HR 公司高层的做法是否恰当？对于 HR 公司的供应商管理策略应如何实施？

案例 2-4-3：XM 公司供应商分类与策略管理

XM 公司是全球电子电气工程领域的领先企业，在全球有约 2500 名采购职员，负责管理着 12 万家供应商，其中 2 万家供应商被指定为第一选择，供应商数据被存储在 XM 公司内部的电子信息系统中。为确定采购活动的重点，XM 公司对这些供应商从两个角度进行了分类。一是根据供应商供应部件的技术复杂性和实用性，衡量 XM 公司对该供应商的依赖程度。它要求询问："如

果这家供应商不能够达到性能标准,那对 XM 公司意味着什么?"衡量一个特定供应商的标准因素包括:非标准件供应的比重,更换供应商需要花费哪些成本,自制的困难程度,部件供应的风险高低等。二是考虑与该项目有关的采购支出。

根据这两个角度,XM 公司将供应商的产品分为四类:

第一类:高科技含量的高价值产品,如电力供应、CPU 及冷却器等;

第二类:用量大的标准化产品,如印刷电路板、集成电路存储器、镀锌锡片;

第三类:高技术含量的低价产品,如需要加工的零件、继电器、变压器;

第四类:低价的标准化产品,如金属、化学制品、塑料制品、电阻器、电容器等。

此外,XM 公司专设的采购团队为使 XM 公司成为对潜在供应商更具吸引力的客户,会涉足市场研究,找出新的供应商并进行评估,还会与现有供应商研究新的合作领域,使双方都获得好处。比如,按照最节省成本的生产批量设定订单的采购数量,并对供应商加以排序;还邀请供应商参与对 XM 公司的产品设计和生产方法的技术考查,目的是减少特殊部件的数量,同时增加标准部件的数量。通过这些途径,改进供应效率,并最终提升 XM 公司的市场竞争力。

思考题:

(1) XM 公司对供应商提供的物品所采用的是何种分类技术?该技术将采购物品分为哪几种类型?

(2) 针对高科技含量的高价值产品,XM 公司对应的采购策略是什么?

(3) 针对用量大的标准化产品,XM 公司对应的采购策略是什么?

(4) 针对高技术含量的低价值产品,XM 公司对应的采购策略是什么?

(5) 针对低价值的标准化产品,XM 公司对应的采购策略是什么?

(6) XM 公司为增加标准部件的数量,采取的是何种供应商管理策略?该策略有何好处?

第四节
参考答案

第五节 供应链选择问题案例

案例 2-5-1：PP 公司的双供应源问题

PP 公司是一家中型的汽车部件生产商，有很多客户，订购的产品品种很多，尽管各品种订购批量比较小，但需求量都比较稳定。为此，PP 公司采用备货生产模式以追求生产规模效益。为了保证生产的连续进行，生产经理的权力很大，包括采购经理、仓储经理都需向其汇报工作。

最近，PP 公司营销部门成功地与几家新汽车制造商签订了几个大合同。新客户订单订购批量都很大，由于技术变化较快，这些新客户希望 PP 公司采用快速送货模式。为了降低由于零部件质量不佳或供应商交货延迟而造成缺货的风险，PP 公司囤积了大量原材料与零部件库存。所有库存采用定量订货法，根据预先确定的订货点和经济订货批量（Economic Order Quantity，简称 EOQ）向供应商发出订单。为了满足新客户的大合同，PP 公司采用了双供应源策略，两家供应商按 40% 与 60% 的比例分配订单。

思考题：

（1）简要回答影响 EOQ 使用的因素，并分析定量订货法是否适用新客户对快速送货模式的要求？为什么？

（2）为完成大合同，PP 公司采用双供应源策略，请你评论该策略的优缺点。

（3）请评价 PP 公司现有的物料管理系统，并且给出改进建议，以便降低物料资金占用的同时减少物料断货次数。

案例 2-5-2：EP 公司的供应商评价

EP 公司是一家新成立的系统集成开发公司，随着业务量的逐年增大，公司对电子产品的采购需求也不断增加。最初，EP 公司没有专门采购部门，而是由总经理办公室负责有关采购事宜。随着采购量的增加，办公室人员感到采购任务太重，采购成本较高，采购产品质量得不到保证。为此，公司从办公室、财务部、系统开发部、销售部等抽调人手组建临时性的采购小组，负责采购公司所需的电子产品。

由于临时采购小组来自不同部门，对电子产品的要求也不尽相同。办公室要求供应商售后服务要及时、态度要好；财务部要求整个采购的采购支出尽量低；系统开发部表示产品的性能要达到要求，而且稳定；销售部要求供应商供货及时，保证客户订单按时完成。

针对以上要求，采购小组统一了思想，设计了一套评估标准：从质量、货期、服务与价格四方面，分别选取订单的准时交付率、产品合格率、供应商报价、售后服务等四个指标来评估和选择供应商。经研究，采购小组决定采用层次分析法（Analytic Hierarchy Process，简称AHP）评定权重，专家打分处理后得到的判断矩阵如表2-4所示。

表2-4 EP公司采购评估标准判断矩阵

	准时交付率	产品合格率	供应商报价	售后服务
准时交付率	1	3/4	7/5	3
产品合格率	4/3	1	2	4
供应商报价	5/7	1/2	1	2
售后服务	1/3	1/4	1/2	1

对于某个关键采购品，综合A、B、C、D四家供应商的表现，以及计算得到的权重如表2-5所示。

表2-5 四家供应商评估表

权重	评估指标 指标名称	A供应商	B供应商	C供应商	D供应商
0.3	准时交付率（%）	100	90	85	70
0.4	产品合格率（%）	95	90	85	70
0.2	供应商报价（元/套）	100	88	85	80
0.1	售后服务（分值）	9	8	7	6

注：售后服务指标的分值在1~10分之间，1分最低，10分最高。

思考题：

（1）请利用 AHP 方法验算权重结果，并说说 AHP 方法的优点与局限性。

（2）不考虑权重时，请利用 TOPSIS 法对四家供应商进行评价。

（3）考虑权重时，请利用 TOPSIS 法对四家供应商进行评价。

（4）考虑权重与不考虑权重两种方式哪一种更合理，为什么？

（5）EP 公司成立临时采购小组的优势是什么？这样做可能存在哪些方面的问题？

案例 2-5-3：FC 企业的供应商管理

FC 公司是一家从事服装设计、生产与销售的企业，主要产品是女士流行服装，由于服装款式能够紧跟潮流的变化，所以深受消费者的欢迎。FC 公司有两家配送中心 DC1 和 DC2，分别服务于 FX 公司和 FY、FZ 公司。据悉，DC 的商品物流模式有三种，第一种是直送（Direct to Site，简称 DTS），由供应商直送门店；第二种是配送，供应商送货到 DC 存储，门店向 DC 订货；第三种是直通转运（Cross-Dock，简化为 X-D），供应商将货送到 DC，DC 验收后立即分拨到门店。FX 公司成立较晚，旗下的 10 家服装零售门店遍布于全省各地，与 DC1 的距离不一，近的 20 公里距离，远的超过 300 公里，为 DC1 提供运输服务的主要是第三方物流公司车辆，外部车辆综合运费较低，有限的自有车辆主要负责近距离的市内配送。FY、FZ 公司设立较早，门店分布相对集中，特别是 FZ 公司的服装专卖店，已开发 10 年，是一种成熟的业态，在已完成布点的地区居市场领先地位；而且 DC2 的设施比较完善，已经使用仓储管理系统（Warehouse Management System，简称 WMS），日均吞吐量约 3 万箱，主要用自有车辆为门店配送。两家配送中心为门店提供配送和直通商品的统配服务，但 DC1 和 DC2 的配送商品确定原则并不统一：DC1 把门店周转快、销售好的商品和季节性的商品设为直通，由门店直接下补货单到供应商处要货，其他商品设为配送；而 DC2 配送商品选择原则与 DC1 刚好相反，将门店周转快、销售好的商品和季节性的商品设为配送，其他设为直通。

目前 FC 公司经常出现停工现象，不能很好地满足销售的需要，这主要是供应商供货质量差、供应不及时等问题所致。同时库存压力也越来越大，包括原料与成品的库存都较高,这主要是因为服装零售企业每天需要处理数量众多的 SKU,以鞋类和服装类商品为例,库存种类的 SKU 总数是按乘法倍数加总的:样式 × 颜色 × 尺码 = 组合。为此,需要进行大量的拆箱、拆零作业,加之服装零售的时尚性、季节性很强,必然产生相当高的商品退货率,时常出现门店一边进货又一边退货的现象。

FC 公司准备着手改变目前的状况,决定从供应商管理入手,并制定了行动步骤。先是建立供应商的数据库,然后制定科学规范的供应商选择流程,淘汰不合格的供应商,接着就是与重要的供应商建立合作伙伴关系,与这些供应商实现拉动式生产方式,降低库存,并最终形成若干个能满足公司未来发展的合格供应商基础。

在建立合格供应商数据库过程中,发现供应商的信息很不完整,也不规范,很多信息不准确。此外,对供应商选择流程进行检查,也发现很多不合理的地方。

思考题:

(1)你认为 DC1 和 DC2 对配送商品确定原则相反的做法是否合理?为什么?

(2)FC 公司建立供应商数据库一般需要获悉供应商的哪些信息?

(3)请为 FC 公司设计一套科学规范的供应商选择流程。

(4)请你描述服装行业的一般特点。

(5)FC 公司库存高的原因可能是什么?

第六节　物流外包问题案例

案例 2-6-1:PH 公司的供应链外包与退货物流

PH 公司是一家组装并经销打印机的大型 IT 企业,在北京、东莞两地建有制造厂,公司年产打印机 24 万台,是公司的支柱产品。打印机原料分为关键物料和辅料，部分关键物料需要从海外进口，辅料和包装材料绝大多数来自国内配套工厂。

在打印机制造工艺中有两个关键阶段：一是打印机电路板的安装和调试，包括应用程序专用集成电路，打印头驱动板等核心电子部件；二是打印机的总体安装和测试，包括发动机、电缆、外壳及齿轮配件等其他部件。从制造到消费共需约6个月，而且除了美洲的产品标准统一以外，欧洲与亚洲销售的打印机，要求对打印机实现定制，以满足当地语言和动力供应的要求。比如电压，有的地区要110V，有的地区却要220V。

PH公司供应链的原方案是：工厂生产"地区性"产品、适配地区的电源插头、变压器以及用当地语言写成的说明书，统一包装后发往相应地区。为此，公司不得不为不同地区的产品保留较大的库存。但是打印机行业竞争激烈，中间商都希望保持尽量少的库存，而且地区之间产品无法通用，特别是欧洲和亚洲的标准最为复杂。

PH公司供应链的新方案是：工厂生产通用打印机后，直接发往各区域DC，DC再将打印机和当地语言的说明书、电源线装箱，统一发往各地零售商与消费者，这就大大降低了供应链库存量。原本为满足98%的订货服务目标，原方案需要7周的成品库存量，而新方案只需5周的库存量。按照现有的规模，一年可以节省3000万美元，包括库存量的减少和库存价值的降低。

针对中国的销售策略，当客户打印量达到一定数量时，PH公司免费提供打印机，同时提供价格相对合理的打印机耗材和纸张，不论客户什么时候需要，各类耗材和纸张都会在24小时内送达。这种销售方式得到了市场的高度响应，尤其是各类大型企业。为了适应这种销售模式，PH公司在北京建立了自己的DC，同时委托某一快递企业负责配送。在实际运作过程中，早期比较顺畅，因为80%客户位于北京，时效性能够满足其服务承诺，但随着PH公司在中国业务的逐渐拓展，客户逐渐增加，遍及全国一级、二级城市，出现了客户投诉增加的现象。为此，PH公司打算把整个物流业务外包出去，准备选择一家第三方物流服务商承接全部业务，现正在进行前期准备工作。

某日，消费者从PH的客户处购买了一台打印机，发现故障后退回该零售客户，随后故障打印机被送到PH的中央退货中心。中心工作人员将该打印机的通用产品代码扫描进退货中心的数据库，对产品进行识别与比对，由数据库决定要将故障打印机退还 PH 公司的哪个工厂。数据库会将故障打印机记到存货科目的贷方。同时，创建应收退款科目，记录应向 PH 公司收回的打印机成本，零售客户则得到该项有缺陷产品的成本补偿。然后，打印机被运回到 PH 公司在北京或东莞的工厂。PH 工厂的退货部门收到打印机后，将打印机的信息扫描进数据库，并决定是否进行修复处理。修理后的打印机将被运到旧货市场再次销售。这样，PH 的工厂就实现了这一有缺陷产品的剩余资产价值。

思考题：

（1）PH 公司供应链新方案的本质是什么？与旧方案相比有什么不同？成本呢？

（2）物流模式一般分自营、外包、自营与外包相结合三种模式，判断 PH 公司目前采取的物流模式是哪种？

（3）公司选择何种物流模式时要考虑哪些因素？

（4）分析 PH 公司客户投诉不断增加的原因。

（5）什么是第三方物流企业？PH 公司选择第三方物流服务商时需要重点考察哪些因素？

（6）PH 公司选择第三方物流有哪些好处？又有哪些缺点？

（7）退货物流与正向物流有何区别？

案例 2-6-2：RN 公司运输方式的选择

RN 公司从事电子设备的生产和销售，客户有 500 多家，遍及全国各地。在经营过程中，RN 公司发现物流成本过高，其中运输成本尤为突出，同行的运输成本只占总成本的 20% 左右，而 RN 公司的运输成本高达 30%。经调查发现，主要原因有：急件运输方面，公司采用空运，费用高，且每次均需公司自己的车辆送货到机场与货站办理交接。干线运输方面，公司使用铁路运输，货物在运输途中被摔坏和丢失的情况时有发生，公司每年不仅需要为此赔偿数万元，而且还导致客户对公司的不满增加。市内配送方面，公司有三辆车用于市内配送，实际车辆利用率不高，但每年需支付的燃油费、维修费和人工成本仍居高不下。

RN公司对比了其他运输方式：对于急件，采用EMS的费用是空运费用的90%，并且上门收货，如果运量大还可与EMS协商降低运费，而平均送达时间仅比空运慢半个小时。对于干线运输，从RN生产地每天都需要发货到某地DC，考虑到ST物流企业用户反馈好，到货一直比较及时、货损小，RN公司计划先与ST企业签订一年的合同。

对ST物流企业而言，从RN公司生产地到某地DC距离是600公里，每天都需要发货。因为全部是托盘化作业，一天的运量一辆20吨的平板车就可满足，平均每个月有400吨的运量。业务扩展是好事情，但由于ST企业现有的车辆已经满负荷，没有剩余运力，ST企业内部产生了分歧。一种意见是转包给其他的运输公司，其理由是如果公司自运，至少还要购买两辆20吨的大车，投资较大，有一定投资风险；此外与RN公司的这个合同利润也不高，合同价格是0.5元/吨公里，经测算如果公司自运，成本是0.46元/吨公里，转包的利润也差不多。而反对转包、坚持公司购买车辆自运的意见则认为，转包的风险较大，曾经发生过因为转包而使货物在运输途中丢失的情况，客户意见很大，况且自己购买车辆承担运输可以进一步扩大ST企业的业务规模，增强实力。

思考题：

（1）如果RN公司的急件运输改为EMS运输，你认为是否合适？并说明理由。

（2）请比较铁路运输与公路运输各自的特点，结合案例说说，RN公司的干线运输是否可以采用公路运输？为什么？

（3）影响企业运输成本的因素有哪些？

（4）为什么案例中指出ST企业至少需要两辆20吨的车辆才能满足RN公司运输到某地DC的需要？

（5）结合案例，所谓的投资风险具体指什么？

（6）如果ST企业自己购买车辆执行合同，试结合案例计算该合同的年利润。

（7）根据案例描述，说说ST企业赞成与反对转包的理由分别是什么？

航空物流案例分析

案例 2-6-3：JD 与 TB 的物流模式对比分析

JD 商城采用自建物流与第三方物流相结合的方式，以自建物流为配送基础，目前已经建立华北、华东、华南、西南、华中、东北六大物流中心，同时在全国超过 360 座城市建立核心城市配送站。随着业务范围的不断扩大，JD 物流在一线城市自建物流配送中心，在二线、三线城市主要采用与第三方物流企业合作的模式，这样就很大程度上缓解了自建物流仓储中心的配送压力，提高了 JD 商城交易量。

TB 平台物流配送是外包给以快递公司为代表的第三方物流企业完成的，O2O（Online to Offline，线上到线下）物流配送模式下，物流配送公司根据客户的各种需求，对货物进行分类、编码、整理、配货等操作，在约定时间和地点将商品送给客户。由于 TB 平台经营商家和需求用户的分散性，快递公司需要把大量订单做集中处理，在集合订单过程中发现并提取规模价值，这是传统配送理论在电子商务环境下的发展。初期两种配送模式的比较如表 2-6 所示。

表 2-6 两种配送模式的比较

	JD 自营物流	TB 外包物流
仓储管理	集中统一配送管理，专业性强；集中分类包装发货	专业化程度低，仓储管理混乱；手动拣货、包装、发货
订单管理	系统自动生成订单发货计划；同一买家订单整合	订单管理无序，手工生成发货计划
运输管理	自营物流仓储发货配送；信息系统自动生成配送计划并跟踪	承运的物流公司提货；根据运单跟踪货物
库存控制	信息平台提供动态库存信息；企业可通过电脑信息网络平台管理库存	无库存控制信息，根据经验管理库存
费用结算	仓储、运输、信息系统等成本统一计算	仓储费用自己结算；物流配送费用与物流结算
退货管理	统一管理退货流程；受理、收件响应速度快、客户满意	客户向物流公司退货等待时间长、货物易损坏、丢失等

针对外包物流存在的问题，TB 平台在 2013 年成立了菜鸟网络，把之前各个第三方物流企业原本独立的信息连通起来，对销售物流的产业链进行整体重构，从仓储、运输、配送到物流信息、货物管理等各个环节进行变革，把平台

到物流的半打通作为选择重构物流产业的切入点。据 2018 财年第一季度披露，菜鸟网络日均协助投递包裹 5500 万个，占全国快递业务量的五成以上。后期，菜鸟还将建设一张国家智能物流骨干网，分重点城市 1 小时达、当日达覆盖区县、当日达扩展路线和全国仓储体系布局，从而在国内打造一个 24 小时的货运必达网络，实现物流成本占 GDP 的比重降到 5% 以下的宏伟目标。

思考题：
（1）自营物流和外包物流这两种模式各有什么优缺点。
（2）菜鸟网络对外包物流的改进体现在哪些方面？
（3）请结合实例说说技术对物流的影响体现在哪些方面。

第六节 参考答案

第七节　供应链运营问题案例

案例 2-7-1：YF 公司的供应链运营

YF 公司是一家经营休闲类服装及专业用品的著名品牌公司，经营范围包括功能型休闲服装、休闲鞋及其配件用品，其品牌价值、品牌声誉和市场占有率都位居全国前列。YF 公司有两级销售网络，一级为全资子公司，二级为加盟店，合计在全国拥有 3500 余家零售店，在地域上划分为 15 个大区，各大区负责当地的市场销售业务，原则上各地区的经销商不允许跨区串货经营。YF 公司每年制订总的销售计划，召开春夏季和秋冬季两次订货会，所有子公司和经销商在订货会上以预订货方式下达合同，所订购的货物在 4 个月后可以到达店铺进行销售。由于服装产品时尚性和流行性的特点，单款产品生命周期较短，因此往往需要为订货会准备大量备选样品，其中约有 50%~70% 的品种可以获得订单。订货会后 YF 公司的销售部门首先汇总订货合同，与年初制订的销售计划相核对，以确保订货的合同金额可以完成年度销售任务。再由销售部门与生产部门协商，形成总的生产和供应计划，然后根据排产计划来组织原材料采购和生产制造工作，制造好的成品储运后统一发往各门店进行销售，整个

供应工作流程历时长达3至4个月。

与备货型生产相比，订货型生产的优点是按客户需要的数量排产，不需要事先准备库存，但存在供应周期较长的缺点。由于时尚类商品消费者需求变化快、产品生命周期短、流行性强、季节性明显，较长的供应周期会导致YF公司提供给经销商的产品有可能已经过时，甚至成为滞销品，从而会在销售渠道中形成库存积压。实际执行中，YF公司也没有强制经销商必须拿走订货合同所订购的物品，对合同的考核也主要按金额执行而未具体到SKU（Stock Keeping Unit，最小库存单位），这使得YF公司产生了一定的库存。

YF公司的完整供应链包括：产品研发、采购、制造、物流、销售等几个环节，在这一领域中有两类企业，一类是擅长产品研发和品牌经营，本身不具备生产能力，将产品生产流程外包给OEM（Original Equipment Manufacturer，原始设备生产商）；另一类是本身拥有工厂，加工生产并经营自己的品牌。显然YF公司属于前者，其组织机构有销售部门（负责产品营销和渠道建设）、市场部门（负责广告和宣传推广、品牌建设）、研发部门（负责产品研发）和职能部门（负责财务、人力资源、信息化建设）、运营部门等。为降低研发投入，避免订货会上日益增长的SKU订单压力，YF公司考虑将OEM方式调整为ODM（Original Design Manufacturer，原始设计生产商）方式，同时消减SKU的数量，以便避免订货会过多的SKU数量分散了YF公司的订单，但是这样做又会导致YF公司的品牌价值流失，对产品的掌控力减弱，同时SKU数量的消减还会带来的一定的失销风险，为此YF公司犹豫不决。

采购方面，YF公司实行分散采购制度，如办公用品的采购由人力资源部门负责，办公设备的采购由信息部负责，零售店铺的货架和宣传品等由市场部门负责，运营部门则负责服装、鞋和配件三类产品的成品采购。

2018年以来，鞋服零售呈现出四大趋势：一是线上线下无缝融合；二是渠道下沉、"时尚下乡"，一线品牌在大多数三四线城市的缺位，成为本土品牌开疆拓土的重要空间；三是多品牌抢占细分市场，运动服饰领跑；四是转型跨界，更多服装企业或是瘦身变更主业，或是围绕服装主业，以资本为纽带，向产业链的上下游产业链环节延伸，向多品牌、多品类、"产品+服务式"的生活方式品牌转化。反观YF公司，服装库存积压造成仓库有效利用率下降、库存周转率指标不理想，这已经成为制约YF公司发展的一个十分严重的问题。

如果服装不及时转移或分散到下游,将会造成严重的资金占用与空间资源的浪费,影响新产品的及时上架和销售,造成企业资金周转率下降,需求反应迟钝,进而危及 YF 公司的生存与发展。

早在 2009 年以来,各大平台都会开展类似"双十一"这样的大型促销活动,活动期间很多服装被卖空,有需要的顾客可能没有购买到,而同时又有许多顾客购买后因为各种原因将衣服退回,加之退货处理上架不及时,导致这些衣服错过销售机会,而成为过季商品。目前,包括 YF 公司在内的服装企业普遍存在客户退货率高的问题。考虑到很多衣服是具有时效性的,例如某些印有电影剧照的衣服,如未被及时处理进行二次销售,其价值将会大打折扣。可见,关键问题是对退货衣服的快速分类,快速重新上架,并再次销售。目前 YF 公司大部分仓库仍然是采用将退货堆积在仓库,在闲暇时进行分批处理的方法,这不仅仅浪费了仓库的空间,更是影响了货物的再次流通,使得他们的价值大打折扣。为此,YF 公司决定首先对逆向物流的回收服装进行分类筛选,将商品按批号、品牌、面料及质量等进行分拣;其次,对回收商品进行商品检验,以确定该产品是重新设计包装还是再加工。通过控制回收产品的时间、地点、数量和回收渠道,快速将退回的服装输送到目的地。最后,考虑到退回的服装隐含有一定的价值,有不少衣服是因为前期消费者对款式、尺码的不确定而进行的重复购买,以及为了凑单而进行的无效购买。由于这些原因而退回的服装本身是没有任何质量问题的,通过及时妥当处理,及时上架重新进行二次销售,可以实现这部分服装的商用价值。

思考题:

(1) YF 公司将 OEM 方式改为 ODM 方式会带来哪些不利影响?如何避免?

(2) YF 公司为什么打算消减 SKU 的数量?

(3) 试分析包括 YF 公司在内的服装企业普遍存在客户退货率高的可能原因有哪些?

(4) 针对案例中提到的 YF 公司的问题,如何改善?

(5) 试用供应细分分析法来分析 YF 公司各个品类的产品,并提出对应的供应商管理策略。

案例 2-7-2：TH 医院的 JIT 采购模式

一家三级甲等医院 TH 之前的医药用品采购模式为：每周向医药公司的 DC 下订单，配送的医药用品放在医院仓库，各科室需要时到仓库领取。为了避免发生药品缺货，各科室也利用自己的储藏室存放一些常用医药用品，这样整个医院有大量的医药用品存货。每个月 TH 与医药公司结算采购费用，而且配送费用已经包含在采购价格中。

为了改变这种状况，TH 医院决定采用 JIT（Just in Time，准时制/即时制）采购模式，各科室把第二天所需的医药用品直接向 DC 下订单，DC 第二天上班之前把医药用品直接送达各科室。这样的采购模式下，医院就不再需要设立仓库了。

新的采购模式运作初期并不顺利，DC 差错不断，不是送货不及时就是所送物品的品种或数量与订单不一致，而且医药公司还要求在原价格基础上再增加 3%~5% 的配送费用。医院各科室对此很不满意，但医院的高层管理者却认为各科室应该尽快适应这种采购模式，并且医院应该与医药公司建立更密切的关系。

思考题：

（1）简述 JIT 系统的概念，以及 JIT 系统的实施条件。

（2）JIT 的采购模式对医院有哪些益处？在实施过程中应注意哪些问题？

（3）对于 DC 而言，新的配送模式与之前有什么不同？为什么开始时 DC 的差错不断？

（4）医药公司要求增加配送费用是否合理？为什么？

（5）为什么医院应该与医药公司建立更密切的联系？

案例 2-7-3：LF 公司的采购管理

小刘是刚应聘到 LF 家装公司总部的本科实习生，在采购部门 1 个月的实习期结束后，徐经理把小刘叫到办公室。

徐经理笑着对小刘说："小刘，祝贺你在采购部完成实习期，同事们反映你表现不错。你谈谈所了解到的公司采购材料的情况。"

小刘斟酌了一下,说:"公司采购材料有两大类,分别是基材和主材,其中基材包括板材、油漆、涂料、电线、腻子、白乳胶等建筑装饰材料,主要由公司总部统一采购和管理,并向各地分公司统一配送;主材包括卫生洁具、瓷砖、五金、门窗、灯具等产品,主要由各地分公司自行在当地采购。"

徐经理点点头,说:"说得好,我想让你独立负责一批涂料的采购工作。"

小刘赶紧点头:"谢谢徐经理的信任!"

徐经理摆摆手,说:"不要急,我先考你一下,看看你能否胜任。"

小刘一下子站起来:"好的!"

徐经理皱着眉头说:"最近一些分公司很长时间没有从总部订货了,你认为是什么原因?这种行为会导致什么后果?"

小刘眼睛一下就直了:"这些分公司销量不好,这会降低总公司的利润的。"

徐经理摆摆手,说:"没有那么简单。"

他接着说:"基材运价已经很低,为什么还是有人认为运输成本高呢?"

小刘犹豫了一下,说:"因为基材重量重,所以运费高呀!"

徐经理脸色有些难看,"最后一个问题,如果你负责采购的涂料中,供应商交货后,发现有不合格品,你怎么办?"

小刘马上说:"退货呀!"

徐经理叹了一口气,说:"我看你还是接着实习吧!"

思考题:

(1)案例中 LF 公司的主材和基材采购分别采用的是何种采购方式?结合主材和基材的特点说说为什么采用这种采购方式?

(2)你认为是什么原因导致各地分公司不从总部订购基材的?这种行为会导致什么结果?

(3)你认为为什么有人会认为基材的运输成本比较高呢?

(4)当供应商交货出现不合格品时,应该如何处理?

第七节
参考答案

第八节 配送与客服问题案例

案例 2-8-1：ZZ 公司拣货问题

ZZ 公司是 B 市一家专业从事医药产品批发、零售及药品物流配送的大型医药公司，其服务对象为 B 市及周边区域数千家医院、诊所和药店。ZZ 公司租用了一个大型建筑的第 2 层到第 5 层作为配送中心，每层楼面积约为 1500 平方米，分别保管不同种类的药品。ZZ 公司可以使用仓库的停车场及设备，依靠 1 部货梯完成药品进货和出库，在 2 楼设有面积 500 平方米的发货平台和收货平台，以及订单处理中心。

ZZ 配送中心接到订单后，信息系统按药品所在楼层分别打印客户拣货单，由 1 名信息系统员分发给各楼层保管员，100 张订单处理、打印和分发所需时间为 30 分钟。

各层拣货员分别按订单拣选，拣选药品放入周转箱，并通过货梯移送到 2 楼发货区，此过程平均每张订单需 3.5 分钟，包括查看清单、寻找药品、行走、核对批号、清点数量、再查看清单等步骤，参与拣货人员有 12 人，这个环节处理 100 张订单平均需要 120 分钟。

2 楼发货区由分理组共 6 人负责客户订单"合箱"作业，找到客户订单每一层的拣货箱，合并后打包，并移至发货区，每处理 100 张订单约需 1 小时。

今年以来由于订单量增加，客户知道 ZZ 公司品种全，所以每张订单都有几十个品种，再加上药品还有批号要求，更增加了拣发的难度，导致客户投诉增加，经常反映送货的品种、数量与订单不符，即便拣货员天天加班，还是不能达到预期的客户服务水平。

为此，ZZ 公司与供应商协调后，根据客户需求情况，如果单个客户需求量大且时间要求急的采用直送方式，即由供应商直接发给客户，而不需要通过 DC；如果多个客户需求都比较急，每家量都不大时采用直通方式，即供应商统一发给 DC，DC 处理后直接发给不同客户，而不存入 DC 的仓库；如果客户需求不急的则采用传统配送方式，发给 DC 先储存，待客户需要时再拣选出来并装车发给客户。采取该机制后，虽然有所缓解，但是仍然不能满足客户要求的服务水平。

思考题：

（1）简要描述ZZ公司的DC目前存在哪些问题？每百张订单拣货耗费时间与耗费人力分别是多少？

（2）ZZ公司的DC采用的是何种拣货方式？该方式有什么特点？适用何种情形？

（3）简述药品DC与一般DC在管理的侧重点上有何不同？对ZZ公司DC的拣货工作会带来什么影响？

（4）ZZ公司准备提高拣货环节的效率，请给出解决方案？

案例2-8-2：GB企业跨境电商转型升级

GB企业是一家集办公文具、印刷制品、塑料制品和进出口贸易于一体的现代企业集团。随着无纸化和自动化的加速发展、消费结构的转变，作为国内A股上市的纸品文具企业，GB企业早已开始布局企业的转型升级，其发展重点是跨境电商。为此，GB企业采取了下列措施。

一是建立海外仓，大力发展跨境电商。文具行业是薄利多销的行业，在消费升级潮流下，随着平台物流水平以及供应链打造逐渐提高与完善，未来跨境电商市场有望进一步扩大。2017年以来，GB出口电商团队先后在Amazon、EBay、Walmart等多个平台开设了数十家店铺，并围绕买家对时效性要求高的痛点，完成了在美自建仓工作。同时该海外仓也为其他企业提供仓储服务。后续，GB企业还将开拓东南亚、东欧、非洲市场，实现产业转移，为今后"走出去"提供服务。

二是推出独立子品牌，挖掘文具附加值。智能化、科技化正在影响着传统的办公观念和文具的发展趋势，随着消费市场主力的变迁，GB企业先后推出独立子品牌，生活文具Kinbor和时尚办公文具Fizz，其共同特点是以创意为卖点，挖掘文具附加值，打造年轻化、时尚化、个性化的品牌，吸引新的消费群体，开拓新的消费市场。GB企业先后在日本、美国等地建立了设计中心，并通过组建手账群、微博、微信公众号、网红营销等互联网创新营销模式，积累核心用户群体。通过线上渠道进行全方位传播，并为线下门店引流，形成线上线下相互配合、互相导流的协同效应。

三是以智能化为导向，转变生产方式。个性产品需要配套全新的智能化生产运作模式，实现生产智能化、研发智能化和营销智能化。GB 企业利用大数据分析，利用先进的设备及专业的人才团队逐步实现车间全自动化、无人化管理，推进全自动化配送体系建设。

通过制造、实业与互联网新经济的深度融合，GB 企业实现了产业升级，并凭借文具传统优势，开拓了互联网业务和跨境电商业务，初步形成了跨境服务平台到电子支付的综合生态圈。

思考题：

（1）谈谈你所认识的跨境电商平台有哪些？

（2）跨境电商有什么贸易模式？各有何特点？

（3）亚马逊中国正式发布声明，为寻求战略转型，将于2020年7月18日停止为亚马逊中国网站上的第三方卖家提供卖家服务。为何亚马逊中国失败了？从中得到什么启示？

案例 2-8-3：MN 公司绩效评估矩阵

MN 是一家集科研、开发、生产和销售于一体的现代化生物技术公司，主要产品是免疫类快速诊断试剂。MN 公司的研发中心设在美国的硅谷，产品销往世界 80 多个国家和地区。生物制剂虽然是一个新兴产业，但 MN 公司在国际市场上面临强大的竞争对手，如辉瑞、罗氏等。为此，除继续重视产品研发外，MN 公司开始强调改进和提高客户服务，并开展了相应的客户服务调研。MN 公司初步确定了影响客户服务的十大项目，并挑选了 10 家主要客户进行重要性与服务表现的问卷调查，评分在 1~7 分之间，分数越高说明越重要或表现越好，这 10 家客户占到公司销量的 55% 以上，由销售人员亲自上门把调查问卷送到客户手中。两周后，公司陆续收到了客户的回复，汇总整理结果如表 2-7 和表 2-8 所示。

表 2-7 客户对 MN 公司服务项目重要性评价

客户\项目代码	A 供货价格	B 供货质量	C 订单交货期	D 配送正确率	E 计划送货日期	F 订单完整性	G 缺货通知	H 发票准确度	I 紧急送货	J 对投诉的处理
C1	6	6	7	6	5	5	6	5	5	3
C2	7	5	6	5	4	4	7	6	5	4
C3	7	4	5	6	6	5	6	5	4	2
C4	6	7	6	4	5	6	5	4	4	2
C5	5	6	6	6	7	4	5	4	3	1
C6	6	5	6	5	7	3	7	6	4	4
C7	7	6	4	5	5	4	5	5	5	3
C8	5	6	6	7	6	5	6	4	5	2
C9	7	5	7	5	4	4	6	3	4	2
C10	7	6	5	6	6	4	5	4	4	2

表 2-8 客户对 MN 公司客户服务表现的评价

客户\项目代码	A 供货价格	B 供货质量	C 订单交货期	D 配送正确率	E 计划送货日期	F 订单完整性	G 缺货通知	H 发票准确度	I 紧急送货	J 对投诉的处理
C1	3	4	5	6	5	3	6	5	2	5
C2	3	5	6	5	4	4	7	5	3	5
C3	2	5	5	6	5	5	6	6	3	4
C4	3	5	4	6	4	4	7	7	3	5
C5	4	6	4	6	4	4	6	5	2	5
C6	3	4	4	7	4	3	7	6	2	6
C7	2	4	5	5	5	3	6	5	4	4
C8	2	5	5	6	5	4	5	5	2	5
C9	3	5	6	5	4	5	6	6	3	5
C10	3	4	5	6	4	5	6	5	2	5

思考题：

（1）请用绝对绩效评估矩阵对案例数据进行分析。

第八节 参考答案

（2）根据分析结果，确定MN公司对这些服务项目所应采取的对策。

（3）对于选定的必须改进的项目，MN公司可以采取哪些措施提高它的绩效？

第九节　库存管理问题案例

案例2-9-1：CM公司库存管理案例

CM公司是著名化工产品制造商的子公司，其市场预测数据来自两方面，30%产品份额直接销售给国内终端用户，市场部业务员对这些用户定期进行业务访问，质量保证人员定期进行产品使用指导与使用情况回访，技术支持人员和客户一起开发客户新产品并解决使用上的问题，这使得CM公司能及时掌握终端用户的需求变化，为准确的市场预测打下了基础。70%的份额供给与CM公司的母公司有战略合作伙伴的产品代理商CA公司，CA公司拥有完善的销售网络，能为CM公司提供准确的需求预测。

目前，CM公司有近25000平方米的仓库，用于储存成品和原材料，仓库中有保温仓库，以防液体冬季结冰而变质。据了解，CM公司库存产生的原因有：(1)紧急订单，需要配备一定的合格原料和成品安全库存；(2)化工产品生产特性是批次投入一定量的原料，产出一定量的成品，即有一个最小生产批量要求；(3)向供应商订货时，供应商会要求一个最小订货批量；(4)市场预测偏差导致成品、原料剩余；(5)新技术的应用使原配方发生变化，某些原料存在被弃用或用量减少的情形；(6)前置期内的安全库存，约有10%的进口原料有3个月左右的前置期。

CM公司为降低库存水平，提高库存周转速度，随时削减多余存货成为企业保持持续竞争力的关键。然而，世界各地消费者对化工产品的需求瞬息万变，市场需求季节性波动大，新产品延迟、产品供应和存货水平的控制对化工企业而言，都是巨大的挑战。为避免出现产品供过于求、供不应求、产品积压、脱销等情况，CM 企业决定将库存跟踪和订购系统更换为更加智能的需求预测和库存优化信息系统，并制订了一整套供应链库存控制解决方案。该解决方案包括五方面内容：(1)需求计划：强化实际销售数据以及销售趋势、客户购买偏好、促销计划和预测等功能，用包括网络和协同引擎在内的通信技术生成企业间的最新和定时的协作预测数据，有效提升库存系统的供货反应速度。(2)生产计划和排产：分析企业内部和供应商生产设施的物料和能力约束，编制满足物料和能力约束的生产进度计划，并可根据给定条件进行优化。(3)分销计划：管理分销中心，优化分销成本或根据生产能力和成本提高客户服务水平。(4)物流和运输计划：合理规划产品运输或配送路线，实现运输合理化。(5)供应链分析：从供应链流程角度对工厂和销售中心进行调整。

在开拓中国、印度等新兴市场的过程中，CM 企业除了在中国投资新建了大规模现代化生产线，实现本土生产外，还重点加强了对物流系统的建设力度和控制能力，除自建现代化物流分销 DC 外，CM 企业还与当地最具实力的第三方物流服务提供商建立了良好的合作伙伴关系，保证商品更准确、更快捷地到达销售终端。现在，CM 企业在进一步积极探索和推进与上下游企业建立良好合作关系的同时，准备选择一些采购批量较大的主要原料实行 VMI（Vendor Managed Inventory，供应商管理库存），打破供应链上传统的库存管理模式，达到供应链系统同步化运作的最终目标。

思考题：
(1) 从库存作用的角度出发，可以将 CM 企业的库存划分为哪几类？
(2) 针对不同的库存类型，讨论 CM 企业降低库存的基本策略和方法。
(3) 针对呆货，讨论 CM 企业应该如何处理？
(4) 谈谈 CM 企业推进 VMI 过程中应遵循的主要原则。

案例 2-9-2：PS 公司的库存控制策略

PS 公司是一家大型电子产品生产企业，产品包括家用空调、电视机、洗衣机等家用电器，以及通信设备、图像、音像、半导体等电子产品。PS 公司从工厂仓库向全国各地设立的外部仓库进行补货，各地仓库专为当地的销售提供服务。公司近期经常发生某些仓库断货而丧失销售机会,而另一些区域产品又积压滞销的情况,由此产生大量的外部仓库库间调拨、滞销品降价处理等现象,给 PS 公司造成很大的损失。

公司决定对产品进行分类,并根据分类确定不同的库存策略。首先把利润贡献占 20%、销售量占总销量的 70% 的产品定义为 C 类。这类产品主要面向低端市场,利润贡献不是很大,有 3~4 个品种的产品,每件产品的价格都低于 1200 元/件。然后将利润贡献占 80% 的产品分为 A、B 两类,其中,定义为 A 类的产品销售量占总销量的 5%,利润贡献占 30% 左右,这类产品有 4~6 个品种,每件产品的价格均在 2000 元以上;定义为 B 类的产品销售量占总销售量的 25%,利润贡献占 50%,品种也是最多的,有 7~10 个品种,每件产品的单价在 1200~2000 元之间。

思考题:

(1) A 类产品有何特点?PS 公司应该采取什么库存控制方法?并简述理由。

(2) B 类产品有何特点?PS 公司应该采取什么库存控制方法?简述其理由。

(3) C 类产品有何特点?PS 公司应该采取什么库存控制方法?简述其理由。

(4) 为了有效实施你所提出的各类产品库存控制方法,还需要配合实施哪些管理措施?

案例 2-9-3:WH 企业库存管理问题

WH 企业是一家批发企业,经营的产品经常延迟交货。为了及时准确满足客户对产品的需求,WH 企业制订了一份配送计划,如表 2-9 所示。根据配送计划的要求,WH 企业会向供应商订货,订货的前置期为 1 周,隔周订货,每次的订货数量为 500 件,第一周就有 500 件到货。在订货前,WH 企业现有库存量是 195 件。此外第 4 周的订货由于各种原因,使货物到达时间比计划推迟了 1 周。WH 企业为了更好地控制库存,设定了警戒线,即分别设定了安全库存量和最大库存量分别是 250 件和 600 件，如期末库存低于安全库存则下周马上安排订货，如期末库存高于最大库存量则下周订货延迟。

表 2-9 配送计划表

	1	2	3	4	5	6	7	8
配送计划	200	210	220	200	180	200	210	160

思考题：

（1）根据以上提供的数据，填写完成表 2-10。

表 2-10 期末库存测算表

时间（周）	0	1	2	3	4	5	6	7	8
配送计划（件）	\	200	210	220	200	180	200	210	160
已订货	500								
实际到货	\								
期末库存	195								

（2）计算 8 周的平均库存量。
（3）观察你所计算的各周期末库存，分析 WH 企业订货方式有何缺陷。
（4）你推测可能是什么原因导致的供应商送货延迟。
（5）WH 企业设定安全库存大小需考虑的因素有哪些？

参考答案

第十节 成本利润分析案例

案例 2-10-1：MD 公司物流差异化转型之路

MD 公司是一家传统的运输企业，有集装箱卡车 12 辆。近年来由于竞争加剧，运费不断下跌而油价不断上涨，公司经营每况愈下。新到任的梁总经理从波特竞争优势理论出发，认为企业应该走一条差异化转型发展道路。经过市场调查，梁总发现绝大多数化工产品生产存在门槛高、产品价格高、利润高等特点，而化工危险品运输行业同样有较高的技术和政策门槛。为此，梁总将公司发展定位在化工危险品运输上。

MD 公司的第一个客户是附近的 OP 油漆厂，该厂每年有 15 种共 18000 吨产品需要销往广州 DM 制造厂，且全部通过集装箱卡车来运输。每年的采购旺季是 4~11 月，12 月至来年 3 月是淡季。DM 厂平均每 10 天向 OP 下达一次订单，为防止生产断料，DM 厂保有较多库存，年平均库存高达 3000 吨。OP 油漆厂希望 MD 公司能满足 DM 厂 5 天到货、连续供货的要求，并降低物流成本 5%。已知当时到广州的卡车运费是每吨 1100 元，MD 公司的车辆每车可装货 28 吨，而到广州用集装箱船运输的门到门总运费是每吨 400 元，但船期超过 10 天。张总经过仔细思考后，从第三方物流企业延伸服务考虑，为 OP 和 DM 之间的运输设计了新的物流解决方案。

思考题：

（1）实施物流差异化战略对 MD 公司的经营有什么有利的影响？

（2）采用汽运比采用海运一年要多支付多少运费？为什么 OP 油漆厂不采用成本更低的海运方式？

（3）根据客户要求，假设满载运输，MD 公司需要多少辆集装箱卡车（一年按 360 天算）？目前车辆是否够用，不够的话应该如何解决？

（4）在满足 OP 油漆厂要求的前提下，结合目前先进的物流模式，你认为 MD 公司还可以采取哪些措施来为客户创造更多价值。

案例 2-10-2：QF 公司工厂选址问题

QF 公司是一家新成立的电子信息产品生产企业，其主打产品是激光数字复印机，年产 10 万台，主要销往东部沿海地区。公司计划将工厂设在上海或者深圳。为此，QF 公司从供应链成本和时效两方面展开调查，得到如表 2-11 所示的数据。此外，公司还调查了两地的劳务市场，发现上海每台数字复印机制造工时为 2.5 小时，单位工时费用 60 元/小时，而深圳每台制造工时为 2 小时，单位工时费用为 50 元/小时。

表 2-11　上海、深圳两城市复印机单台供应链成本与时效比较

产地	成本（元）		采购提前期（小时）	
	上海	深圳	上海	深圳
机芯	102	110	80.5	95
外壳	50	30	48	72
控制电路板	10	5	2	48
说明书	3	2	2	2
包装箱	12	10	2	2

思考题：

（1）结合案例数据，请分别计算两地每台数字复印机的供应链成本。

（2）不考虑配送时间，请分别计算上海和深圳两工厂的交货周期。

（3）请结合总成本与交货周期，分析并选择合适的设厂城市。

案例 2-10-3：AM 公司不同运输方式的成本比较

AM 汽车制造厂从意大利进口汽车底盘，汽车底盘的平均价格为 3 万美元，采用海运方式，每个批次运输量为 1500 件，每月运输 1 次，每件的运输成本为 150 美元。后来 AM 公司想重新规划工厂布局，为此需要减少仓库的面积占用。管理层计划通过空运方式运输汽车底盘，以此降低仓库的面积占用。但很多人表示反对，有人怀疑这样做能否减少仓库面积占用，有人认为空运运费高，使成本增加。通过对整个过程模拟测算，发现采用空运方式后，每个工作日都有一定数量的汽车底盘到货，可以满足制造的要求，采用空运方式的运输费用为 480 美元/件。另外汽车底盘的年库存持有成本占产品价值的 30%，仓库存储的管理费用为每件 100 美元/年。

思考题：

（1）改变运输方式是否可以缩小底盘的仓库面积占用，为什么？

（2）请分别计算两种运输方式下的总成本（1 个月按 4 周、1 周按 5 个工作日算）。

（3）比较两种运输方式的成本大小，并做出选择。

第十节

参考答案

航空物流案例分析

第十一节 案例分析报告的撰写

案例2-11-1：FF公司的快餐服务

FF公司是国内一家经营连锁快餐店的企业,在各大中型城市开展中式连锁快餐店业务。FF公司的快餐店业务,属于半成品加工形式,采取大规模定制方式。首先在工厂中将食品加工成半成品,然后由公司统一配送到各个连锁门店,在销售给顾客前,才进行加工烹饪。这种方式加工出来的食品,不仅可以保持现场烹好的口感和色泽,还可以保持几乎相同的形态和口味,同时产品加工方式还可以缩短顾客等候时间,丰富菜品的种类。

FF公司经营的快餐店,一般坐落于城市的繁华地带,主要为日常外出的人提供中式快餐服务。这些地处繁华地带的连锁店,店铺面积一般都比较紧张。SS公司为FF公司提供半成品配送的服务。但是由于与SS公司之间缺乏互信,FF公司只对SS公司提供采购和配送计划。SS公司只有收到FF公司的补货订单和配送计划后,才开始根据FF公司的补货指令,在工厂和城市快餐店间进行配送。

当前FF公司半成品补货的业务流程如下:

(1)各连锁店每天定时盘点销售和半成品库存情况,确定需要补货的品类和数量,将补货需求以传真形式发送给FF公司的配送计划员;

(2)FF公司配送计划员将各店的需求汇总后,编制采购计划和配送计划,发给SS公司;

(3)SS公司接到各连锁店的需求数量后,制订自己的配送计划,按照店铺分布进行配送。

随着FF公司业务的高速发展,配送环节冗长的问题也暴露出来。典型的是配送周期长、配送次数少。各连锁店半成品库存增加,不得不加大半成品仓储面积,这样就挤占了原本比较紧张的营业面积。但库存增加的同时,有些品种还经常缺货,客户很不满意。同时,连锁店越来越多,公司的配送计划员需要处理的订单量也越来越多,处理时间也越来越长,配送计划员的工作异常繁忙,时常发生差错。由此更加重了各店菜品的缺货情况。为了解决这个问题,FF 公司准备学习先进快餐企业的经验,改进公司的物流配送流程。

撰写分析报告:

试根据上述案例提供的信息,撰写一份案例分析报告。

案例 2-11-2:EM 公司的采购管理

EM 公司生产多个系列的机电产品,采购部负责公司所有物品的采购。近期公司的许多部门对采购部都有不满,特别是售后服务、生产和财务等部门的意见更大。售后服务抱怨备件采购不及时,无法及时给客户更换损坏的零件;生产部门反映原材料不能及时到位,导致生产计划不得不经常调整,延误生产;财务部门对采购的支出和库存情况一直都很关注,总是认为采购的支出过高、库存资金占用较多。

采购部门的经理和员工也有怨言。公司所有物品都是采购部门购买的,从大宗的原材料到小的标准件,从备品备件、MRO(Maintenance,Repair and Operation,维护、修理和运营)物品到文具纸张,以及促销的宣传册、海报和送给客户的礼物等。采购部门按照物料性质分为几个小组负责:所有生产所用的零件、部件采购由一个小组负责,MRO 物品的采购由另外一个小组负责,而针对销售和售后服务用的物料又是另外一个小组。由此造成有的人天天都很忙碌,而有的采购小组则十分清闲。

虽然对采购工作的评价目前还没有一套完整的考核体系,但公司考核的是公司相关政策的执行情况。例如前一段时间财务部门反映采购支出的增幅过快,公司要求采购部门做到货比三家,尽量以最低价格采购,所以月前采购支出降下来了,公司比较满意。可是生产部门又反馈采购的原料质量在下滑,因为原料质量问题导致的废品数量在增加。类似这种现象已经反复出现过多次,采购价格下降,质量就保证不了,质量保证了,采购支出又增加了。

采购部门对供应商的管理几乎不存在,因为就那么几个人,那么多物品要买,供应商又那么多,所以没有时间来管理供应商,与供应商签了合同或订单

后就没人过问了，供应商交货及时与否也无人知晓。

采购部大部分员工在公司工作很长时间了，但都是从其他部门转到采购部门的，都没有职业资质或相关的培训经历。他们在其他部门的敬业精神和道德品质得到大家的认可，所以才能进入采购部门，当然也有个别员工能够进入采购部门是凭借某种关系安排的，而这些人的所作所为对大家工作的积极性影响很大。EM公司已经认识到问题的严重性，应该马上会在采购部门采取行动了。

撰写分析报告：

试根据上述案例提供的信息，撰写一份案例分析报告。

案例2-11-3：YZ公司跨境电商转型案例

YZ的跨境物流产品包括邮政小包、EMS国际快递、e系列（含e邮宝、e特快和e速宝等）。三者对商品种类均无较多限制，其中邮政小包主要配送2kg以内的货物，如文件资料等；EMS可以运送重量较大的物品，一般在30kg以内；e系列也只能运送2kg以内的货物，但是速度比较快。邮政小包的特点是费用低、运送范围广，物流网络覆盖全球200多个国家和地区，清关能力强，可以节省关税，寄件的手续也比较便捷，但运送速度慢，如果运至欧美地区需要近1个月的时间；EMS国际快递最大特点就是速度较快，运至欧美地区大约只需要5~7日，而且清关能力也比较强，网络覆盖广，价格稳定，没有附加费用，但是运费高，寄1kg货物到美国大约需要355元；e邮宝产品主要适合追求低价，寄送较轻物品的客户，价格在三者中是最优惠的，且信息跟踪能力强，价格也比较稳定，以克计费。如表2-12是三类产品特点的比较。

表2-12 YZ三类产品的特点比较

指标	邮政小包	EMS国际快递	国际e邮宝
速度	最慢	较快	较慢
成本费用	低廉	较高	最低
清关能力	强	强	较弱
交货期（欧美方向）	20~30日	5~7日	7~12日

续表

指标	邮政小包	EMS 国际快递	国际 e 邮宝
重量限制	2kg 以内	30kg 以内	2kg 以内
信息跟踪	差	较好	好
网络覆盖	最广	广	很少
手续简便程度	简便	简便	较简便
价格稳定性	差	较好	较好
售后服务	难	较难	较难

YZ 公司要发展智慧物流，在邮件的处理和仓储环节，有快递自动分拣传送系统和专门负责搬运物品的小机器人。利用机械臂、机器人这种高科技装备降低员工的劳动强度；利用 AI（Artificial Intelligence，人工智能）的图像识别技术，通过扫描邮件地址提取文字，提高邮件的自动化分拣质量，实现自动装车卸车、自动分拣等；利用 AR（Augmented Reality，增强现实）技术研发一种头戴式设备，操作人员戴上后，就可以看到所有快件的信息，并自动规划拿到商品的最优路线，方便快速找到商品。

在揽收环节，做法有四，一是应用 AR 技术，通过拍照自动测算邮件的体积、自动计费；二是使用射频识别标识替代纸质面单，通过批量自动读取的方式，保护客户隐私并实现邮件的全程自动可追溯；三是大力推广语音识别技术；四是共享揽投员定位，将揽投员定位实时推送到 App、微信，便于客户掌握揽投员和邮件的动态。

在运输环节，扩大无人机的使用，降低人员成本；拓展运输方式，打造运输信息共享平台，推动共享运输；大力推广车联网应用，通过北斗导航、美国 GPS、视频监控等车载设备，实现人、车、货、仓及相关设备的全面透明、可视可控；加强运输管控力度，根据货量、交通状况实施智能车辆调度，制定最经济快捷的线路规划；推行无人化智能管理，通过对车辆的智能扫描，根据车型对车辆进行停靠和调度引导，确保生产流程的高效和资源利用的最大化。

在投递环节，持续推广智能投递柜；利用物联网技术实现"最后一公里"配送能力多元化，利用汽车尾箱等完成包裹投递，并运用语音技术，推出文字或语音辅助的通知，节省投递员的沟通成本和时间；加大对投递大数据的分析，深度挖掘各区域进出口邮件的特点进行对比，为经营一线精准开发、客户维系提供参考依据。

客户选择邮政产品，除了考虑快递公司的服务和强大的硬件设备外，还需考虑商品属性、客户需求、企业实力、市场范围、交货时间、交易规模、交易频率等，如商品属性的体积、重量，危险品的爆炸性、毒性等，由于许多物流渠道对货物限定了属性，例如不能运输危险品、粉末状产品等；客户需求在面对同一种产品、同样的寄送任务，不同收入水平、不同时间成本的消费者，其需求也可能不一样。

第十一节

参考答案

撰写分析报告：

试根据上述案例提供的信息，撰写一份案例分析报告。

第三章 结构型航空物流案例分析

学习要点

- 航空物流法律责任界定与赔偿;
- 航空物流不正常运输;
- 航空物流政策与相关主体运营模式;
- 航空物流客户服务分析;
- 航空运输市场营销,包括航空战略营销、空运产品策略、销售渠道策略、促销组合策略、运价与定价策略等;
- 航空物流价格、成本与收益分析;
- 航空物流信息化建设。

第一节 航空物流法律责任界定与赔偿

随着航空科技水平与承运人防范风险能力的不断提升,航空承运人责任归责原则经历了从宽到严、责任限额从低到高的发展历程。现行国际航空运输承运人责任制度是基于1929《华沙公约》及其后多次修订所形成的华沙体系确立的,最新的是2003年11月4日正式生效的1999《蒙特利尔公约》。我国1958年加入《华沙公约》,1975年加入《海牙议定书》,2005年加入《蒙特利尔公约》。

航空承运人责任归责原则从最初的过失责任（又作"过错责任"）逐步过渡到严格责任，最终发展出双梯度原则。《华沙公约》及《海牙议定书》确定的是推定过失归责原则，即除非承运人能够证明存在法定的免责事由，否则就必须承担赔偿责任。1929年《华沙公约》第20条和第21条规定，承运人如能证明存在下列三种情况，则可以免除、减轻或不承担责任：一、承运人和他的代理人为了避免损失的发生，已经采取一切必要的措施，或不可能采取这种措施时，就不负责任；二、损失的发生是由于驾驶上、航空器的操作上或领航上的过失，且承运人和他的代理人已经采取一切必要的措施以避免损失时，不负责任；三、损失的发生是由于受害人的过失引起或促成，法院可以按照相关法律规定，免除或减轻承运人的责任。1999年《蒙特利尔公约》提出双梯度归责原则，分严格责任与推定过失责任。对于严格责任，该公约第18条第1款和第2款规定："对于因货物毁灭、遗失或损坏而产生的损失，只要造成损失的事件是在航空运输期间发生的，承运人就应当承担责任"，且"航空运输期间，系指货物处于承运人掌管之下的期间"。对于严格责任的赔偿限额，1999《蒙特利尔公约》规定为17特别提款权（又称"计算单位"，Special Drawing Right，简称SDR），当时折合约20美元（注：后续案例按"20美元/千克"的赔偿限额计算）。在此基础上，每5年复审一次，如所确定的通胀因子超过10%，则修改责任限额。截至2022年，最新的限额于2019年10月第三次复审生效，审定的不同空运类型赔偿责任限额对照表如表3-1所示。

表3-1　ICAO国际航空运输赔偿责任限额对照表

（单位：SDR）

类型	依据	归责原则	单位	最初限额	2009年12月限额	2019年12月*限额
旅客伤亡	第21条	双梯度原则	每名旅客	10万	11.31万	12.8821万
航班延误	第22条第1款	推定过失	每名旅客	4150	4694	5346
行李运输	第22条第2款	严格责任	每名旅客	1000	1131	1288
货物运输	第22条第3款	严格责任	每千克	17	19	22

（*2019年12月SDR汇率：1SDR=1.3756USD）

虽然措辞稍有不同，但是《华沙公约》《海牙议定书》和《蒙特利尔公约》

均规定：如果损失是由于承运人、承运人的受雇人或代理人故意或明知可能造成损失而轻率地作为或不作为，承运人不得享受责任限制。如果托运人向承运人声明货物价值并加缴附加费，承运人必须按照声明价值或承运人可以证明的货物实际价值赔偿，也不能享受责任限制。

我国民用航空法（2021年4月29日第6次修正）第129条规定："国际航空运输承运人的赔偿责任限额按照下列规定执行：（1）除另有书面约定外，对每名旅客的赔偿责任限额为16600计算单位。（2）对托运行李或者货物的赔偿责任限额，每千克为17计算单位。（3）对每名旅客随身携带物品的赔偿责任限额为332计算单位。"同时，我国民用航空法第184条规定：我国缔结或者参加的国际条约同本法有不同规定的，适用国际条约的规定；但是，我国声明保留的条款除外。我国法律和我国缔结或者参加的国际条约没有规定的，可以适用国际惯例。这就为我国适用国际民航条约提供了相应法律依据。

对于国内运输，2006年3月28日施行的《国内航空运输承运人赔偿责任限额规定》中对国内航空运输承运人赔偿责任限额规定为：（1）对每名旅客赔偿责任限额为人民币40万元。（2）对每名旅客随身携带物品的赔偿责任限额为人民币3000元。（3）对每名旅客托运的行李和对运输货物的赔偿责任限额为每千克人民币100元。

一、空运货物丢件或损失问题

案例3-1-1：空运货物全部丢失，代理人以自己名义运输的案例

2007年9月，湖南LQ公司委托某货运代理公司空运部将一台损坏的测距仪空运至香港进行修理。货运代理向LQ公司签发了航空分运单（House Air Waybill，简称HAWB），并按普货的标准收取了运费。随后，货运代理以自己的名义将此票货物交由广州HG公司办理中转。然而，由于民航工作疏忽，致使该件货物在广州至香港的运输途中遗失，经多方协查，依然没有下落。于是，货运代理主动向LQ公司汇报了这一情况，并表示将按空运单背面条款有关规定予以赔偿，LQ公司不予接受。

LQ公司认为在委托货运代理代办货运时，货运代理没有要求其按贵重货物办理保险手续，因此要求赔偿其货物价值共计6万余元。对此，货运代理经

办人员反驳道,当时曾提请货主办理保险手续,货主不同意办理。并且指出空运单背面条款明确规定,凡是贵重货物须办理声明价值或保险,否则,遇到丢失只能按普通货物标准赔偿。LQ 公司则强调,背面条款是英文,他们不懂英文,不明确条款的意思,并辩解说货运代理劝其办理保险的说法没有文字依据,因此,货物损失应由货运代理赔偿。

请问本案如何界定责任并进行赔偿?

评析:

本案货运代理应按空运单背面条款规定向 LQ 公司进行赔偿,同时取得向实际航空承运人索赔的代位求偿权。其理由是:(1)货运代理是按普货接受委托并收取运费的,并未办理声明价值手续。(2)空运单是双方签订的运输合同,其背面条款是对双方权利、责任与义务的约定。LQ 公司接受货运代理签发的 HAWB,说明承认双方的运输合同关系,并受此合同条款的约束,与是否懂英文或者提醒无关。(3)货运代理是以自己名义办理中转,故需承担第一责任,无论自身是否有过错,均需对货物损失承担赔偿责任,赔偿后可取得代位求偿权,再向过错方进行追索。但如果货运代理是以委托人名义办理中转,则除非自身有过错,否则只需尽到协助委托方向过错方索赔即可。

案例 3-1-2:空运货物部分损失,承运人有过错的案例

2008 年从悉尼运往北京的一票干酪货物,货运单号 777-19781016,1 件毛重 847 千克,航班 XY767/21MAY,货物价值 3300 美元。经调查,当天上午 9:45 发出到货通知,收货人当天提取货运单,办理海关手续。随后来提货时,发现货物没有放在冷库保存,收货人当时提出异议。因为货运单操作注意事项栏中明显注明了"KEEP COOL"字样,但工作人员在分拣时没有看到。经过挑选,最终损失达 60% 左右。

请问本案如何界定责任并进行赔偿?

评析:

本案属于国际航空货物运输,根据 1999《蒙特利尔公约》第 22 条第 4 款"货物的一部分或者货物中任何物件毁灭、遗失、损坏或者延误的,用以确定

承运人赔偿责任限额的重量,仅为该包件或者该数包件的总重量。但是,因货物一部分或者货物中某一物件的毁灭、遗失、损坏或者延误,影响同一份航空货运单、货物收据或者在未出具此两种凭证时按第4条第2款所指其他方法保存的记录所列的其他包件的价值的,确定承运人的赔偿责任限额时,该包件或者数包件的总重量也应当考虑在内。"这批货物部分损坏,不影响包装件其他货物,因此赔偿重量为 $847×60\%=508.2$ 千克,按照每千克20美元赔偿限额折合 $508.2×20=10164$ 美元。由于国际运输是按实际损失与赔偿限额两者的较小值赔偿,该货物价值3300美元,实际损失为 $3300×60\%=1980$ 美元,故航空承运人应该赔偿1980美元或等值人民币。

案例3-1-3:空运货物部分丢失,承运人无过错的案例

一票从北京运往纽约的服装,货运单号888-19860750,共6件,每件30千克,每件价值800美元,在目的站纽约发现丢失2件,经证实该损失并不是航空公司故意造成或明知可能造成而漠不关心的行为或不行为所致。

请问本案如何界定责任并进行赔偿?

评析:

本案属于国际航空货物运输,法律依据同前述案例3-1-2,两件服装丢失并不影响其他货物。因此,航空公司仅需对两件服装做出赔偿。就承运人损害赔偿原则而言,《华沙公约》确定了三项基本原则,即:限制损害赔偿原则、以声明价值金额为限损害赔偿原则和无限制损害赔偿原则。根据1999《蒙特利尔公约》第22条第5款:"经证明,损失是由于承运人、其受雇人或者代理人的故意或者明知可能造成损失而轻率地作为或者不作为造成的,不适用本条第1款和第2款的规定",即不能证明损失与承运人、其受雇人或者代理人有直接关系,故本案不适用无限制损害赔偿原则。又因为没有声明价值,故依据"限制损害赔偿原则",按实际损失与赔偿限额两者的较小值赔偿,实际损失为1600美元,而责任限额为 $20×30×2=1200$ 美元,故航空公司应赔偿1200美元。

案例 3-1-4：空运货物部分丢失，代办人有过错的案例

AW 公司负责深圳某手机公司的手机保管及代理发运业务。6 月 7 日，AW 公司接到手机公司的指令，将一批 P70 手机发运至上海。8 日，AW 公司联系 FA 货运代理公司，要求代办航空货运，当日发运。FA 公司以抽样称重的方式称重货物为 198 千克，并填开货运单：托运人为 AW 公司，收货人为上海某公司（手机公司的上海到货代理），未注明承运人，FA 公司加盖法人公章，货物名称为配件，16 件/箱，重量为 198 千克，费率为 4.5 元/千克，运费为 891 元，提货方式为机场自提，未注明货物包装有瑕疵。但 FA 公司未能赶上乙航空公司当日航班，遂延至第二日发运。9 日，FA 公司在机场发运时，又重新以逐一过秤方式对货物称重，称重为 190 千克，由 FA 公司工作人员（系为 AW 公司填开运单的同一人）重新填开货运单：托运人为 FA 公司，收货人为上海某公司，承运人为乙航空公司，FA 公司加盖其货运科印章，货物名称为配件，16 件/箱，重量为 190 千克，费率为 5.9 元/千克，运费为 1021 元，燃油加价 38 元，提货方式为机场自提，未注明货物包装有瑕疵，并以该空运单发运货物，且未将上述情况变化告知 AW 公司。

11 日，该批货物经北京中转后运至上海，上海某公司提货时发现有一件货物包装有黄色胶带缠绕情况，即进行复称，全部货物重量为 191 千克。经开箱检查，发现丢失 9 部 P70 手机及配件，于是立即告知 AW 公司。

请问本案如何界定责任并进行赔偿？

评析：

本案中，第一份货运单 FA 公司是以委托人名义填开的，作为代理人身份提供代办运输服务的行为，但实际未履行，不产生合同约束力；第二份货运单 FA 公司是以自己的名义，作为托运人与乙航空公司订立了航空货物运输合同，因为合同的主体、货物重量、权利义务等都明显发生了变化，FA 公司应当在授权范围内行事，在货物重量发生变化时及时告知 AW 公司，征得 AW 公司的同意后方能发运，不得擅自变更合同，否则要承担违约责任。至于货物损失赔偿，由于 FA 公司是以自己名义提供的运输，因此 FA 公司应当先行赔偿 AW 公司的损失，然后查明情况，再向相关过错方进行追索。

二、空运操作不规范问题

案例 3-1-5：航空承运人未签运单的案例

发货人从东京空运 20 包不同种类的电子产品至伦敦。航空公司要求每包填写一张空运单，但是其中 1 包装机后才发现未签运单，由于该批货物有运输时限要求，货站工作人员表示不用补签运单了。当该批货物运抵目的地交付时，发现 4 包货物（包括未填运单的那包）严重损坏。

请问本案如何界定责任并进行赔偿？

评析：

本案由于货站工作人员装机时未尽到正确合理的谨慎所致。对于未签运单的 1 包货物，根据 1999《蒙特利尔公约》第 22 条第 5 款规定，由于是货站工作人员过失造成，因此承运人无权享受责任限制，必须按该包货物的实际损失给予赔偿。承运人仅对其余签发了运单的 3 包货物享有责任赔偿限额（该货物在运单上有声明价值且承运人收取了声明价值附加费的除外）。

案例 3-1-6：运单未注明易碎性质，且包装上未合理粘贴标志的案例

一批从汉堡发运至上海的易碎塑料玩具，托运书上正确描述了货物的易碎性质。但空运代理签发的空运单中，却因失误未写明该货物的易碎性质。玩具被妥善地包装，且在包装的外表印上德语"易碎—谨慎操作"字样。然而，易碎货物的国际通用标志没有出现在货物的外包装上。该批货物到达上海后，由货运代理雇用的操作员操作。由于卸货人员不懂德语，且空运单上又没有注明货物的易碎性质，因此导致交货时塑料玩具严重受损。

请问本案如何界定责任并进行赔偿？

评析：

根据《华沙公约》第 10 条第 1 款"对于在航空货运单上所填货物的各项说明和声明的正确性，托运人应负责任"，无论航空货运单由谁签发。本案中，托运人应对航空货运单中货物描述的不正确负责，正是这种不正确性导致了货

损,因此,承运人不需要赔偿。货损责任有二,一是空运单上没有写明货物的易碎性质,二是外包装标志问题。前者空运代理人存在过失。因为托运书是填开航空货运单的依据,托运书上已经正确描述了货物的易碎性质,但代理人却因失误没有写明该性质,应该承担赔偿责任。后者由于出口商应当在包装外表印上易碎货物的国际通用标志,且有责任使用目的地国家的语言书写"操作指示",否则造成货损由出口商自行承担。本案应该根据货损与航空货运单与包装操作标志两者的直接关系程度,判定托运人(出口商)与代理人双方各自承担相应的责任。

案例3-1-7:航空货运中委托代理不合规的案例

2002年6月初,DT空运代理企业收到HH公司传真的以ZY公司为托运人的三份货运委托书传真件,约定付款方式为预付。DT企业将货物交联邦快递托运,并产生运费45 303元。2002年6月27日、28日、7月2日,DT企业开具三张发票,付款人均为HH公司,并要求ZY公司将发票交给HH公司。当日,又同时去函ZY公司与HH公司要求确认运费。但HH公司以自己不是托运人且账上无钱为由拒绝付款,ZY公司则以HH公司不具有该公司代理权为由也拒绝付款。由于DT企业未收到运费,遂起诉。经调查,发现2002年期间,HH公司在上海设有办事处,并与ZY公司合用办公室,在与DT企业发生业务时使用ZY公司便笺、电话和业务章。

请问本案运费争议应该如何界定责任并进行赔偿?

评析:

本案HH公司属于无权代理。但是ZY公司是否应该支付运费取决于HH公司的代理是否属于表见代理。一方面,有理由认为第三人DT企业是善意且不知情的,因为HH公司虽与ZY公司之间没有代理权,但ZY公司管理制度混乱,导致HH公司以ZY公司名义与DT企业达成委托事务,构成表见转委托代理关系;另一方面,DT企业支付了对价,提供了货运服务,在主观上亦无过失,故应认定DT企业与ZY公司之间的转委托运输合同关系成立。DT企业要求ZY公司支付运费及利息的诉求,应予以支持,ZY公司应向DT企业支付货款 45 303 元,并偿付相应利息,同时承担案件受理费。在 ZY 公司向 DT 企业赔偿后,取得代位求偿权,可以向过错方,即 HH 公司进行索赔。

三、空运不正常事故导致损失的责任归属

案例 3-1-8:没有发生运输的承运人责任认定案例

一票从北京空运至东京的花鼠(活动物),货运单号 666-20030113,1 件毛重 105 千克,计费重量 117 千克。经调查,2007 年 6 月 16 日收运,并定妥当日航班,起飞时间 9:30。当天上午已经将该批货物拖至机坪,由于飞机故障,推迟起飞时间,定于下午两点装货。已知当天气温 33 摄氏度,中午时分才将货物拉回仓库,由于花鼠日晒太久,运到目的地的成活率太低,所以决定拉下。当通知发货人提回时,发现已经死亡过半,取回后,由于受热过度,已经全部死亡。

请问本案如何界定责任并进行赔偿?

评析:

本案货物属于国际航空运输,虽然没有发生运输,但根据《蒙特利尔公约》第 18 条规定,本票货物显然处在承运人掌管下的保管期间发生损失。考虑到发货人没有保险,只能按照最高每千克 20 美元的赔偿限额进行赔偿,故应按 2100 美元与实际损失两者的较小值给予赔偿。

案例 3-1-9:卡车航班运输损失的责任认定案例

一票从新加坡空运至天津的机械设备,先从新加坡空运到北京中转,再通过卡车航班运至天津,货运单号 555-20040716,3 件货物毛重 178 千克,计费重量共 206 千克。但在北京至天津的高速公路上,不幸发生车祸,设备全部损坏。

请问本案如何界定责任并进行赔偿?

评析:

本案货物属于国际航空运输,根据《蒙特利尔公约》第 18 条第 1 款,此

票货物的损失虽然是在公路上发生的,但是在承运人的保管期间内发生,因此适用国际公约,航空公司应按 20×178=3560 美元与实际损失两者的较小值进行赔偿。

案例 3-1-10:航空货运转委托的延误责任认定案例

2010 年 7 月 10 日,第三方 YG 公司委托被告 HL 公司预订 23 日至科威特的航班,HL 接单后向原告 TJ 公司传真委托书 1 份,要求其预订该次航班,运费单价 22.5 元/千克,托运书上的托运人为 YG 公司,托运人签字栏盖章的是 HL 公司,有证据表明 YG 公司也清楚并同意 HL 公司的转委托行为。TJ 公司向航空公司订舱,空运单上载明的托运人为 YG 公司,计费重量为 1057 千克,按普货预付运费。交运后,航班发生延误,原定 7 月 27 日到达的航班,实际 8 月 23 日才到达。

TJ 公司向 HL 公司开具运费发票并要求被告如约支付,但 HL 公司以运输迟延为由向 TJ 公司发出运费拒付通知,同时告知对方,由于迟延到货给客户造成重大损失,发货人已告知拒付相应的一切费用,并且要求 TJ 按货值赔偿。对于 TJ 公司的运费诉求,HL 认为自己只是 YG 公司的货运代理人,货运代理关系是 TJ 与 YG 订立的,与自己无关。

YG 公司述称该批货物系货代 HL 委托原告 TJ 运输的,货代关系发生在 TJ 与 HL 之间,但 TJ 未妥善安排运输,致使到达迟延,损失巨大,而且曾经通过被告 HL 通知原告 TJ 并索赔,原告 TJ 也回复称不收取第三方 YG 的运费。但原告 TJ 对该免收运费之说予以否认。

请问本案因延误导致的纠纷应该如何界定责任并进行赔偿?如果本案 YG 不清楚 HL 的转委托行为,且 TJ 将 YG 作为被告时,又该如何处理呢?

评析:

本案焦点是涉案货运合同委托人的认定。受托人将货运代理事务转委托,经委托人同意的,委托人与第三方直接构成货运代理合同关系;未经同意的,则委托人与受托人、受托人与第三方之间分别形成独立的法律关系。根据 YG 的陈述,认定原告 TJ 与第三方 YG 成立涉案货运代理合同。至于第三方 YG

称原告 TJ 未妥善安排运输导致货物迟延到达的抗辩，因原告已按要求预订 7 月 23 日的航班，此后运输迟延系航空公司所致，可以认为原告 TJ 已按约履行了作为货代人的订舱义务，且空运单与托运书都是以 YG 作为托运人身份办理运输的，因此作为货代的 TJ 只需协助 YG 向延误方航空公司索赔即可，本身无须承担延迟给第三方造成的损失。对于第三方 YG 称原告 TJ 曾答应免除第三方 YG 的运费，因为 TJ 予以否认且没有确切证据予以证明，故 YG 公司应该向原告 TJ 公司支付运费，HL 公司承担连带责任。

本案属于国际航空运输，根据《华沙公约》第 19 条"承运人对旅客、行李或货物在航空运输过程中因延误而造成的损失应负责任"，以及第 24 条第 1 款"如遇第 18 条、19 条所规定的情况，不论其根据如何，一切有关责任的诉讼只能按照本公约所列条件和限额提出"，故本票货物应由承运人按照货物延误的实际损失和责任赔偿限额两者的较小值进行赔偿。

如果本案 YG 不清楚 HL 的转委托行为，且 TJ 将 YG 作为被告时，由于运单均无托运人（YG 公司）的签章，且有能证明 HL 向 TJ 公司传真的委托书，故原告 TJ 主张被告 YG 是诉争运输合同的托运人，证据不足，不予采信。

案例 3-1-11：有免责条款的货物延迟责任认定案例

2010 年 11 月，LL 公司与 TD 货代分公司签订协议，委托 TD 办理国际航空快件运输事宜，协议中双方约定：TD 公司不是普通承运人，也不承担相应的责任；TD 对任何收入、利润、市场、声誉、客户、用途或机会损失不承担责任，对任何间接的、偶发的、特殊的或继发性的损害或损失亦不承担责任，包括但不限于违反合同、疏忽大意、故意行为或未履行职责等造成的损害或损失。

2011 年 8 月 30 日，LL 公司委托 TD 公司以快递方式向在法国的收货人托运 5 件商品。9 月 13 日运抵法国里昂的 4 件商品被收货方正常签收，另外 1 件商品被错误发往丹麦哥本哈根，9 月 23 日，TD 才以 email 方式通知收货人及 LL 公司，错发的 1 件商品已找到并将于当日到达法国里昂。收货人表示因货物延迟，拒绝接收。

LL 公司提起诉讼，请求确认延迟送达的快件运输合同解除，由 TD 公司赔偿违约损失；TD 公司反诉要求 LL 公司支付拖欠的运费及利息。

请问本案如何界定责任并进行赔偿？

评析：

TD 公司出具的国际空运单项下对应多件货物，可视为独立件，涉案 1 件货物滞后被收货方拒收，鉴于空运方式的快捷性及双方对运输期限的预期，可视 TD 公司的运输迟延行为构成根本违约，托运人 LL 公司可行使部分解除权，有权解除相关运输合同。尽管双方在协议中约定有免责条款，但该条款因违反《蒙特利尔公约》的规定而无效，TD 公司应就其运输迟延造成的损失在公约法定限额内承担赔偿责任。

四、空运责任界定问题

案例 3-1-12：发货人要求中止运输的责任认定案例

一票从北京运往伦敦的机器配件，在巴黎中转，货运单号 666-20070433，5 件，每件 20 千克。当在巴黎中转时，由于临时出现问题，发货人向航空公司提出停止运输，并返回北京的请求。

请问本案应该如何处理，运费由谁来承担？

评析：

本案中发货人的请求可以得到航空公司的许可。根据《华沙公约》第 12 条第 1 款，由于是发货人自愿变更导致返回，故返回运费应该由托运人来支付，航空公司应收取已完成航段（北京至巴黎）的运费与返回航段（巴黎至北京）的运费，多退少补，由此增加的其他费用（如运单费等）也应由发货人承担。

案例 3-1-13：三家航空公司货运灭失的责任认定案例

某货主 HZ 将一批价值 10 000 美元，共 10 箱的丝织品通过 AA 航空公司办理空运出口至法国巴黎。货物交付后，AA 航空公司于 1 月 1 日以自己的名义出具了一份货运单。该货运注明：第一承运人为 BB 航空公司，第二承运人是 CC 航空公司，货物共 10 箱，毛重 250 千克，货物的"声明价值（运输）栏"未填写。BB 航空公司将货物由青岛运抵北京，1 月 3 日准备按约将货物转交 CC 航空公司时，发现货物灭失。为此，BB 航空公司于当日即通过 AA 航空公司向货主通知了货物已灭失的事实。为此，货主向 AA 航空公司提出书面索赔要求，要求 AA 航空公司全额赔偿，AA 航空公司表示拒绝。

请问本案如何界定责任并进行赔偿？

评析：

本案从青岛经北京到达巴黎，属于国际航空货物运输。AA 是 BB 航空公司的委托人；BB 既是缔约承运人，也是第一区段的实际承运人；CC 是第二区段的实际承运人。BB 航空公司应当承担责任，因为货物灭失发生在转交 CC 航空公司之前。由于本批货物没有声明价值，AA 航空公司是以自己名义出具的空运单，因此，实际赔偿数额不应超过法定限额，即 AA 航空公司应赔偿的数额不超过 $250 \times 20 = 5000$ 美元，AA 航空公司赔偿后取得代为求偿权，有权向过错方 BB 航空公司进一步追索。

案例 3-1-14：FCA 贸易条件下交货期的责任认定案例

我国某出口企业按照 FCA（Free Carrier，货交承运人）上海机场交货条件，向印度 INI 进口商出口手表一批，自上海空运至孟买，货价 5 万美元，规定交货期为 8 月份。支付条件为买方收到孟买银行转交的空运到货通知时，即期全额电汇付款。出口企业于 8 月 31 日将该批手表运至上海虹桥机场，交由航空公司接收并开具空运单，随后立即向印商用电传发出装运通知。航空公司于 9 月 2 日将该批手表运到孟买，并将到货通知连同有关发票和空运单送交孟头银行。该银行立即通知印商前来收取单据并电汇付款。此时，由于国际市场手表价格下跌，印商以我方交货延期为由，拒绝付款和提货。我方出口企业则坚持对方必须立即付款并提货。双方争执不下，遂提起仲裁。

请问本案如何界定责任并进行赔偿？

评析：

本案规定交货期为 8 月份，按 FCA 术语，卖方只要将货物在指定地点交

给买方指定的承运人,并办理了出口清关手续,即视为完成交货。我方出口企业于 8 月 31 日,将该批手表运到上海虹桥机场交由航空公司承运即完成交货。印商以 9 月 2 日到货时间为交货期,与 FCA 术语规定相违背。本案印商应立即付款并提货,否则要承担相应赔偿责任。

第二节 航空物流不正常运输问题与思考

一、航空运输货物问题

案例 3-2-1:航空货运异味案例

某年 7 月份,飞往广州白云机场(CAN)的 777F 型货机,预计航程约 900KM,空中飞行约 1 小时 30 分钟左右,出发地天气情况为多云,地面风力约 5 级,航班执行时机场地表温度约 45 摄氏度。旅客情况:F0C0Y202;货物装载情况:前舱有 6 个 P1P 装 21 吨;后舱有 12 个 AKE 装大约 7 吨;尾舱(散装)无装载;行李装载在后舱,有 2 个 AKE 装大约 750KG。

所有货物与行李在机场安检时没有发现任何异常,且全部装入集装设备。飞机起飞后约十分钟左右返航,据机组称是客舱有强烈异味。落地检查后发现异味是由部分装载货物引起的。由于当地地面风力较大,货物以散件形式通过 X 光机检查,异味在通风环境下不容易聚集,但是在集装后气味凝聚,由于客舱和货舱的空气是相通的(通过特殊设备过滤),所以异味从货舱扩散到客舱。

经进一步调查,原因是部分纺织品使用了新型挥发剂,所加入的成分中含有煤油成分,所以引起异味。由于该纺织品烘干程序不充分,煤油并没有完全挥发,货物装入集装设备后,在机场外场由于通风良好,工作人员无法觉察,但是当天当地地表温度很高,造成集装设备本身温度也很高,当集装货装上飞机后,在有限空间内气味容易凝聚,浓度升高,所以很快引起机组和旅客的注意。

请问本案应如何处理,后续应注意些什么?

评析：

本案的后续处理，一是航空公司停止收运类似货物；二是收运此票货物的代理被几乎所有航空公司列入黑名单，2个月后逐步解禁；三是当地机场货检加强检查等级，部分国际快件列入禁止运输清单。可见，安全性与危险性是相对的，外部条件以及货物性质在一定的条件下会使X光机检查结果失效。所以安检不仅仅需要定性和定量的检查，还需要进行条件推断，需要经验积累，需要提高风险防范意识。

案例3-2-2：航空货运包装案例

某年12月份，飞往三亚凤凰国际机场（SYX）的737型客机，预计航程约1200KM，空中飞行约1小时50分钟左右，出发地天气情况为多云，地面风力约3级，航班执行时机场地表温度约15摄氏度。旅客情况为C0Y102，货物装载情况：前舱有1.2吨；后舱有250吨；行李装载在后舱，约250KG。

所有货物与行李在机场安检时没有发现任何异常，且全部装在散舱。飞机起飞后大约1小时10分钟以后，机组发现从货舱传出火警信号，但是此信号马上就消失。落地后进行检查，所有设备正常，怀疑是信号传送问题，机务对相关设备进行检测，并且更换了部分小型设备，使飞机满足放行清单。执行下一个航班时是另外一条航线，没有发现异常，但是第二天同一航班出现同样情况，非常奇怪。

经进一步调查，结论为货物引起的虚假火警，原因是航班上装有一定量的活火鸡，为避免火鸡被固定后引起死亡，所以未对火鸡的自身运动进行限制。在高空由于气压以及温度的变化，火鸡的不停活动使羽毛摩擦产生静电，进而导致火警信号。

请问本案应如何处理，后续应注意些什么？

评析：

本案后续处理，一是航空公司限制收运类似货物，如必须收运则需采用专门包装，妥善限制活动物的运动，并做除静电处理；二是收运此票货物的代理被列入黑名单；三是当地机场货检加强检查等级。空运中，活动物的运输应符合国际航空协会（IATA）发布的《活体动物运输规则》(Live Animals Regulations，简称 LAR)，运输要符合各国政府规定，体现人道主义精神。需特别注意运输环境与包装的要求，活动物包装既要便于装卸，适合空运要求，又要考虑动物特性，防止动物破坏、逃逸和接触外界，底部应有防止粪便外溢的措施，保证通风，防止动物窒息。

二、航空货运操作问题

案例3-2-3：航空运输板箱打板与装载案例

某年1月份，飞往上海虹桥机场（SHA）的767型客机，航程约1200KM，飞行时间约1小时40分钟，出发地天气情况为多云，地面风力2级，机场地表温度约15摄氏度。旅客情况为F2C3Y132，货物装载情况：前舱有3个P1P装9吨，1个P1P装空板（随机调板）；后舱有4个AKE装约2.3吨，2个AKE为空箱（随机调箱）；尾舱（散装）无装载；行李装载在后舱，约650KG。

所有货物与行李在机场安检时没有发现任何异常，且全部装在散舱。由于此航班在执行前一航班时因天气原因延误，为加快装载和结算处理速度，行李用散舱运输，而板箱全部是包板包舱，由代理在货物隔离区自行组装（隔离区在安检区之后，出入凭证件，由现场保安监督）。在外场装机时，有一板货物超高，无法装入机舱，为避免航班延误，将该板箱拉下，而拉下的板箱中装有大量保质期较短的冰鲜货物。

经查，原因为代理工作人员缺乏责任心，在打板过程中不注意板箱的装载规定，没有认真检查板箱高度，而且有一板货物不多，为了减少工作量，少装一块板，把该板的货物强行与另一板的货装在一起。

请问本案应如何处理，后续应注意些什么？

评析：

本案后续处理，一是包板费用由代理全额支付；二是拉下货物在2小时后找到冰库冰冻，造成客户接货时间的延误，由代理给予补偿，包括退还所收全部运费并给予客户补运；三是客户第二天停止与该代理公司的业务合作，转而与其他代理合作；四是该代理公司辞退了相关打板人员。空运中，板箱现场操作是包板包舱的重点，不仅高板（Main Deck，简称MD）与矮板（Lower Deck，简称LD）是不一样的，而且飞机头部、中部和尾部高度也不一样，须严格根据机型装载规定打板后，经过货站验收、航司验收，才能拉到机坪装机。

案例 3-2-4：航空结算凭证代号错填案例

飞往北京首都国际机场（PEK）的777型客机，航程约1500KM，空中飞行时间约1小时50分钟。该航班舱位由5家代理负责销售，部分为包舱，部分为包量销售，其余为航空公司直销。在填开货运单时，有3单包舱货物的结算凭证代号错填为包量代号。航空公司要求按包量结算，代理公司为此要支付双重运费。

经查，结论为代理工作人员发现填写错误后没有更改，而是通知了打板工作人员，请求调配货物时，不要把这3票货物装在包板上。但是现场操作繁忙，货物件数较多，时间紧张，打板人员没有按通知执行，而是把这3票货物装在包板上。

请问本案应如何处理，后续应注意些什么？

评析：

本案后续处理，该3单错填代号货物的结算最终按照协议代码执行，这是因为调配收运货物是代理公司的内部操作，承运人不参与，只负责检查。空运中，货运结算是利润来源的控制点，如果现场操作人员不按规定操作，会引起不必要的损失，因此需加强对相关工作人员的业务培训，严格按照规定进行管理与操作。

案例 3-2-5：航空货运频频丢件案例

货主投诉航空托运的货物时常收不到货、丢货少件、货物损坏，或是交货延迟。出现这些现象最主要的原因是管理上的问题。

某年7月份有两票货分别发往上海和杭州，都是高科技数码产品，最后都

出现收不到货、包装被损坏或丢件现象。

一票货是魏先生委托一家快运公司托运一批 MP3 到上海。到上海后收货方发现有三个包箱封口被开过，其中缺少 14 件 MP3。经投诉与协商后，尽管快运公司承诺会按投保额进行赔偿，但却一直没有赔。

另一票货是唐先生委托一家货运公司给杭州客户发一批摩托车配件，价值近万元，说好第二天送到，可一直拖了 10 多天，客户也没收到货。再去找这家货运公司时，却发现已楼去人空，原来的货运公司改头换面，换成了另一家货运公司。

请问空运中造成丢件货损的原因都有哪些？应该注意些什么？

评析：

空运中，丢货、货损的原因比较复杂，物流各环节都存在着货物损失风险。据悉，货物不正常运输情况包括多收（或少收）货物、多收（或少收）货运单、多收（或少收）业务袋、货物漏装漏卸、货物错运、货物丢失、货物破损、无标签、错贴（挂）标签、延误运输等。其中可能涉及货主、物流公司甚至是航空公司的原因。货主原因有：托运单品名与实际不符，托运单填写的数量与实际不符，一些易碎品、贵重品的包装不符合要求，不声明或少声明货物价值、不按规定买保险，甚至有些不法分子诈骗和诈保。物流公司原因有：不正规的小货运公司、托运部，经营、管理不到位，员工素质低，发生内盗的概率较高。航空公司原因有：抽样检查和电脑安检不全面，货物到达目的地后的卸货和运输出错，管理疏漏等。为此，货主应尽量选择大型、正规的货运公司，而货运公司则应与航空公司在监控系统、人员管理等方面共同采取措施，完善机制，如采用专人装车、装机，在货运站内安装监控、对盗窃人员从严处罚等措施，以减少货物丢失或损坏的现象发生。

三、航空货运危险品问题

案例 3-2-6：特种货物运输的收运操作案例

一家空运代理公司同时接到三个货主的货：分别是金表、宠物狗和电子元件，都要求在 10 月 10 日运往纽约。于是该代理公司打算将这三类货拼在一张主单上，采用集中托运的方式办理运费到付，并在三类货物上分别贴上分标签。但是向航空公司订舱时，遭到拒绝，并要求提供货物订舱更详细信息，包括体积（含单件尺寸）、重量、件数、目的地、要求出运的时间、其他运输要求（温度、装卸要求、货物到达目的地时限等）。货到目的地后，目的地代理发现货物破损。

请问航空公司处理是否妥当？发现破损应如何处理？

评析：

本案中，空运采取集中托运时，不得含有贵重物品、活体动物、尸体、骨灰、外交信袋、危险物品等特种物品，故只能分别办理托运。宠物狗不予办理运费到付，但金表、电子元件可以办理运费到付。货到目的地发现货物破损，可以请航空公司开具商务事故证明，作为后续索赔的依据。空运中，特种货物在收运、储存、报关、运输及交付过程中，因货物本身的性质、价值或重量等条件，需要进行特殊处理，才能满足特殊运输条件，因此运输各个环节均应严格按照各类特种货物的规定和要求进行操作。

案例 3-2-7：空运危险品腐蚀案例

某年 10 月份，某航空公司在始发机场露天存放货物时遭遇雨雪天气，木箱和内置货物被打湿。后经飞机运抵西安机场后，机组人员打开货舱准备卸货时发现，机舱内雾气弥漫，这一现象给机组人员造成了极大的恐慌，更对机组人员和飞机造成了严重威胁。

经调查，产生雾气的是普通木质板箱包装的某矿物样品，为红色泥状物，经检验，该批货物其实应为尾矿污泥，是经过王水处理过的尾矿，属于具有腐蚀性的危险品，依据 IATA 出版发行的《危险品规则》（Dangerous Goods Regulations，简称 DGR）中的规定，该货物应被列入第八类危险物质，UN 编号为 UN3244。在遇到潮湿或雨天时，其中的 NO_3^- 及 Cl^- 溶解，使得样品呈现强腐蚀性，进而会对机舱造成腐蚀性损害。

请问本案应如何处理，后续应注意些什么？

评析：

本案中，由于客户对货物没有进行准确、详尽的申报，未提交《危险品申报书》，导致危险品鉴定部门未能进行准确地分类和包装，对货物运输也产生了较为严重的后果，应承担赔偿责任。这就要求航空公司及危险品运输鉴定部门，一方面要加强危险品运输相关宣传，另一方面在进行空运货物的危险性识别和分类工作时，不仅要深刻理解 DGR 中的所有信息，还应及时了解承运货物的颜色、气味、状态等在内的各项理化特性，以及货物功能或用途等信息，以便为高效、安全的危险品空运提供强大的安全服务保障。

四、航空运输行李托运问题

案例 3-2-8：托运行李错拿，适用侵权责任法案例

2008 年 11 月 24 日，王某乘坐 DD 航空公司航班自大连飞抵上海浦东，林某亦同机抵达。双方各托运了一只外形、体积相同的泡沫保鲜盒包装箱。航班到达后，王某发现其包装箱被他人提取后，立即与机场交涉，称其箱内的物品是野生半干海参，价值 2.3 万元。航空公司查实是林某取走了王某的包装箱。取走后，林某并未与航空公司联系，也未报案。之后，航空公司和王某多次与林某沟通协调，林某均未返还包装箱。王某只好起诉林某要求赔偿其损失 2.3 万元。

法院审理后认为，原告王某就损失的物品、重量及价值均尽到了举证义务，林某的行为存在过错，遂判决被告林某赔偿原告王某 2.3 万元。请思考，该判决是否合理？假如托运行李不能证明是林某错拿的，而是在目的地机场行李转盘后遗失、毁损，请问又应该如何界定责任？

评析：

本案是一起典型的托运行李错拿案。案由判定为财产损害赔偿纠纷，适用法律是侵权责任法，案件关键是林某存在财产侵权行为，确认错拿后拒绝返还包装箱，且无法举证承运人过错，因为两个包装箱从外形上难以有效区分，本案中承运人确认错拿后已尽到协助王某追回的义务。

如果托运行李不能证明是林某错拿的，而是在目的地机场行李转盘后遗

失、毁损,由于本案属于国内航空运输,因此应由航空公司及其目的地机场代理共同承担货物赔偿责任。注意此时国内运输和国际运输的法律规定和实践有所不同。作为国家标准的《公共航空运输服务质量》(GB/T16177-2007)中"行李运输"部分(7.8.3.2条)明确要求"交付行李时应准确核对行李牌号码,同时收回旅客持有的行李识别联"。可见,承运人核对行李牌,方能完成托运行李的交付义务。因此,实践中,国内航空运输的承运人会委托目的地机场的地服人员核对行李票后再对托运行李放行,以完成托运行李交付。国外航空运输中,均是到达旅客自行在行李转盘提取行李后离开机场,而没有承运人或者机场工作人员予以行李票的核对程序。因为按照公约的理解,当托运行李运输送上转盘即为行李运输期间的终止,其后发生的行李遗失、损毁与承运人无关。并且,国外航空公司会在其运输总条件中明确规定"旅客负有目的地机场及时提取行李并核对行李票一致性的义务","承运人不承担在目的地机场核实持票人的义务"。无义务,则无责任。这样,即便出现行李的误拿或盗取,其责任也完全归责于误拿旅客或盗取人,以此来排除承运人的责任。

案例3-2-9:托运行李错拿,适用民用航空法案例

2012年12月,张某乘坐从沈阳飞往北京的航班,将价值35.2万元的野山参放置在行李箱内交付EE航空公司办理托运,但托运时未申报装载的行李内容,也未申报价值。航班抵达北京国际机场后,张某未领取到其行李,随即向EE航空公司和北京机场公司申报行李运输事故。经查,由于张某的行李箱与其他旅客的行李箱相似,机场地面服务没有安排人员核对行李牌,被其他乘客错拿,随后将其行李箱追回。张某主张该行李箱内的野山参已经变质,不具备药用价值且缺损1斤,遂提起诉讼,并提交了野山参采购合同、银行流水、声明书以及本案的报警记录等证据,要求EE航空公司、北京机场公司按购买合同的价值赔偿野山参价款35.2万元。

请问本案如何界定责任并进行赔偿?

评析:

本案属于国内航空运输,案由的选择取决于个案的案情,尤其要考虑赔偿

人的过错和赔偿能力。本案判定为航空旅客运输合同纠纷，应适用民用航空法，实行责任限额制。按照传统托运行李损害赔偿纠纷的案件处理思路：首先判定是否属于航空旅客运输合同纠纷，其次看有无声明价值，没有声明价值的按照重量限额赔偿，但是如果旅客证明承运人有故意或者重大过失，可以超出限额索赔。本案中，EE航空公司与其地服代理人未能恰当履行交付行李义务，地服人员没有核对托运行李牌，导致旅客托运行李被错拿，存在过错和轻率的不作为，且当张某行李被其他旅客误领后，未能及时发现，从而导致损失的发生，两者存在因果关系。

关于损失金额问题。张某提交的采购合同、银行流水、声明书以及本案的报警记录等证据之间能够形成有效的证据链，予以采信。关于赔偿金额问题，《民用航空法》第132条规定："经证明，航空运输中的损失是由于承运人或者其受雇人、代理人的故意或者明知可能造成损失而轻率地作为或者不作为造成的，承运人无权援用本法第128条、第129条有关赔偿责任限制的规定。"因此，承运人无权援引赔偿责任限制的规定，旅客可以要求超出限额的索赔，EE航空公司应赔偿张某货物损失35.2万元，同时北京机场公司承担连带赔偿责任。

案例3-2-10：财产损害赔偿案例

2015年9月24日，孙某在XA机场转机换乘XB航空公司航班。登机前，孙某将行李箱办理了托运手续，但航班到达XC机场后，孙某未能领取到其行李箱。XB航空公司当即出具了《行李运输事故记录》，并承诺第二天将该行李箱送至其家中。2016年1月15日，XB航空公司找到行李箱，并将行李箱送至孙某家中。事后航空公司记录显示，从2015年9月24日至10月16日期间有行李查找记录，XB航空公司营运部行李查询室向机场行李查询出具过的"委托书"中记载："内物为文件和西藏特产，具体包括玉石，手镯，红珊瑚念珠，天珠等，护照，电器，衣物等"，但之后一直没有任何查找记录。孙某认为行李箱之中的部分物品已丢失，故诉至法院，请求判令被告赔偿因行李丢失造成的损失。

请问本案如何界定责任并进行赔偿？

评析：

本案是一起旅客托运行李内物丢失的案件，案由判定为财产损害赔偿纠纷，适用侵权责任法。案件关键是在 2015 年 10 月 16 日之后一直没有任何查找记录，航空公司存在消极处理的过错，与损失存在因果关系，另外根据"委托书"中记载也可证明孙某托运的行李中装有其主张的丢失物品。因此，应由 XB 航空公司对丢失的物品承担赔偿责任，XA 机场和 XC 机场对物品丢失没有过错，不承担责任。

第三节 航空物流政策与相关主体运营模式分析

案例 3-3-1：中美两国航空运输业的规制政策

航空运输业具有初期投资大、回报期长、固定成本比重高、资产专用性强、资产负债率高等特点，因此航空运输业既存在高经营杠杆与高经营风险，又存在高财务杠杆与高财务风险。此外，航空运输业还具有网络经济性的特点，一旦网络建成并投入使用后，企业的固定成本很高而边际成本极低，规模经济性十分明显，具有自然垄断性。

1. 美国航空运输业的规制政策

1978 年以前，美国通过民用航空局（Civil Aeronautics Board，简称 CAB）严格规范商业航空的票价、航线、时刻表及航线经营权，从而限制航空公司进入新市场，向航空公司提供航线，并管理乘客票价。在当时，过度竞争与垄断都被认为是不利于经济稳定与行业发展的。过度竞争的前车之鉴是 19 世纪下半叶的铁路运输业，为避免企业在残酷竞争压力下在飞机的安全与维护方面偷工减料，并忽略偏远地区的航空运输需求，只关注高运量、高利润的航线，监管是必要的；同时，特定市场的垄断会造成高票价，基于产业组织理论的结构主义学派观点，为了防止垄断企业制定高于边际成本的价格从而导致生产的低效率和社会福利损失，需要对其进行政府规制，以便提高经济效率。然而，由于美国各州立法机构有不同的立法权，州内航线的管制较州与州之间的航线管制要宽松得多，票价也相对低一些。

产业组织理论的芝加哥学派代表鲍莫尔（Baumol）等人认为：航空运输业中如果允许飞机自由进入、退出航线（市场），不存在人为限制的话，在退出时无沉淀成本发生，进入时能够获得与在位厂商相同的技术，此时在位企业没有绝对成本优势，市场是可竞争市场。即便航空运输业存在规模经济特征，市场结构趋于高度集中，但由于存在潜在竞争压力，航空运输业不可能有垄断利润，由此建立在航空运输业自然垄断属性基础上的政府规制在理论上就是站不住脚的。在可竞争市场理论的影响下，1978年美国国会通过《航空管制放松法案》（Airline Deregulation Act），开始放松对航空运输业的经济规制，1989年美国更是全面解除了对航空运输业的经济规制，只保留了少量的社会性规制。放松规制后与规制时期相比，价格下降，旅客增加，航空运输业的运输能力不断提高，航空公司得以更有效地规划自身的网络，乘客也有了更多样化的选择，从而提高了生产效率。据估算，每年因放松航空业管制而产生的收益，按1977年的价格计算大约是60亿美元。

美国放松规制以后，短期内小城市航线迅速缩减，而枢纽建设和辐射航路航线迅速增长，更多新成立的航空公司进入市场，高峰时达到120多家，参加单条航线有效竞争的公司大约增加了30%。这表明规制时期在位的航空公司获得了垄断利润，航空运输业的超额利润吸引了大量潜在竞争者的进入。

然而随着行业内企业数量的增加，新航线的纷纷开辟，以及运力的迅速上升，放松管制的负面后果开始凸显。低票价竞争导致行业环境非常不稳定，受燃油成本、经济衰退和过度扩张的多重影响，众多航空公司出现大幅亏损，行业集中度逐步提高。初期大量的进入被退出和兼并所抵消。到20世纪90年代初，美国航空业发生了至少24起航空公司兼并案，100多家新进入者中只有少数几家幸存下来，其余都退出了市场。美国四大航空公司的集中度从1977年的56.2%，到1987年变为64.8%，1990年变为61.5%。同时，美国飞机制造业也发生了并购案，1996年12月，波音收购麦道，成为世界上最大的民用和军用飞机制造企业。该并购的目的不仅是为了改变1991年以来波音营业收入与利润双下滑的态势，而且也为了追求效率。并购后，新波音的全球市场占有率提高到65%，在资源、资金、研发等方面都占据优势。随着市场集中度的提高，20世纪90年代后美国航空运输业的进入维持在较低水平上。

同时，放松管制后也带来了一些积极后果。一是票价下降，从 1977 年至 1992 年间（经通货膨胀调整后）下降了三分之一以上；二是航空公司数量的激增和新航线新航班的开辟增加了很多新的工作岗位，并带动了相关行业的发展；三是飞行更加安全，每十万个航班的事故从 1969 年的 1.302 起下降到 2009 年的 0.098 起；四是新的市场需求推动了更省油、更经济先进飞机的研发。

2. 中国航空运输业的规制政策

理论研究和实践经验表明，产业组织自然垄断的性质本身不是固定的，而是不断演化的，当产业自然垄断的性质已经弱化为具备竞争产业的特征时，经济性规制的放松或退出也就成为可能。这也是航空运输业在全球范围内兴起"开放天空"、放松管制的理论依据。传统的自然垄断产业通常由一系列具有垂直关系的业务部门组成，产业组织自然垄断的性质演化往往不是整体性的，而是体现在垂直产业链的某些业务部门上。因此通过分析产业组织演化的规律，明确这些业务的垄断与竞争性质，并实施相应的分类管制政策就显得很有意义。

从我国航空运输业的规制政策演变来看，1980 年，中国民航以"军转民和企业化"为核心拉开第一轮改革序幕，民航局归属国务院直属机构，实行企业化管理。

1987 年，政企分开，实行"航空公司与机场分设"为主题的体制改革，组建了 6 大骨干航空公司，实行自主经营、自负盈亏、平等竞争。同时，开始允许部门和地方创办航空公司，厦门航空、海南航空、四川航空、深圳航空等纷纷建立，形成中央航空与地方航空的竞争，中国民航市场化改革启动。

1996 年中国航空运输市场从卖方市场向买方市场转变，运价经历了从严格管制到多等级折扣的反复探索，以及收益管理的兴起。随后，2002 年中国民航开始了以"政资分离、联合重组、机场属地化管理"为主要内容的新一轮体制改革，全面放松经济性管制，理顺行业管理体制，我国民航业重组为六大集团。2002 年《外商投资民用航空业规定》和 2005 年《国内投资民用航空业规定（试行）》颁布，允许外商投资航空公司、机场、飞机维修等民航相关企业，标志着航空运输业对民营资本和外资开放，一批外资飞机维修公司和配餐公司纷纷落地，东航、南航、首都机场、中国航信等也先后在中国香港、美国纽约等境外上市。同时，民航继续深化市场化改革，鼓励民营资本进入民航业、放松航线准入、放松价格管制，奥凯、春秋、华夏、鹰联、东星、吉祥、长城、翡翠等一大批各具特色的民营航空陆续进入市场，形成国有航空与民营航空的竞争。2008年多家民营航空逐步退出行业：东星破产、鹰联重组、奥凯引入战略投资。

2016年，民航局发布《关于进一步深化民航改革工作的意见》，确定了10个方面、40个专项任务，形成了"1+10+N"的深化民航改革工作总体框架，掀起了新一轮全面深化改革的新高潮。

总之，航空运输业从整体上看是传统的自然垄断行业，但是从其垂直产业链的不同业务类型看，各业务的技术经济特征并不相同。航空运输业可以分为机场服务业务、客货运输业务、空中交通管制业务、航空保障业务、航空延伸业务、航空器维修与培训等六大不同业务。对民航运输业的不同业务类型，可能需要根据业务类型实施不同的规制措施。

思考题：

（1）简述自然垄断产业的概念及其特点？

（2）航空运输业面临双高杠杆或双高风险，会给行业带来什么影响？如何应对由此带来的高风险？

（3）政府对航空运输业进行规制的主要依据是什么？为什么全球又出现放松规制、开放天空的趋势？

（4）为什么要对航空运输业进行分类规制？如何衡量航空运输业市场化竞争程度？

（5）航空运输业的各类业务中，其自然垄断的强弱如何？你认为应该严格规制还是放松规制？为什么？

（6）说说为什么放松管制后，中美航空运输业又出现了市场集中度提高的现象。

案例 3-3-2：空运代理业的竞争与重组

空运代理将货主货源、航空公司运力、机场保障三方面串联起来，负责航空货物运输组织与管理。空运代理既是货主的代理，也是航空公司的代理。广

第三章 结构型航空物流案例分析

义的空运代理还包括货站。新冠疫情以来，货运代理更多充当了包机人的角色，正在向综合物流服务提供商方向演变。

从空运货量来看，空运代理行业的集中度较高。根据物流业权威杂志 *Transport Topics* 发布的 2020 年全球空运货运代理 TOP50 排行榜中，排名前 50 位的 52 家代理共处理货邮 1766.4 万吨，百万吨以上的货运代理有 3 家，分别是德国敦豪供应链（DHL）、瑞士德迅物流（Kuehnef Nagel）和丹麦得斯威国际货运（DSV），货量分别为 179.5 万吨、141.8 万吨和 127.24 万吨，合计占 TOP50 空运代理货量的 25.4%。50 万吨以上空运代理 12 家，货量 1098.2 万吨，占 TOP50 空运代理货量的 62.2%。从排行榜国别来看，美国有 15 家，占比 29%，排前 10 位的有联合包裹（UPS）供应链解决方案和康捷空（Expeditors）。总部在我国的有 7 家，其中内地 3 家，分别是排在第 12 位的中国外运 SINOTRANS、第 25 位的欧华物流（AWOT）和第 36 位的泽坤国际货运，香港 3 家，台湾 1 家。日本有 6 家，排在前 30 位的有日通国际物流（NIPPONEXPRESS）、近铁国际物流（KWE）、日邮物流（Yusen Logistics）、西铁物流（NNR）和日立物流（Hitachi Transport System）。德国有 4 家，且排名前 10 的有 3 家，包括排名第 1 位的敦豪供应链（DHL），第 4 位的辛克国际货运代理（Schenker）和第 9 位的汉宏物流（Hellmann）。受疫情影响，绝大多数前 50 位的空运代理，货量都较 2019 年有所减少，为了补短板、强优势或扩大市场，空运代理之间的并购不断涌现。2020 年 11 月全球货代巨头泛亚班拿（DSV Panalpina）从日本收购航运佳（Prime Cargo）后，2022 年还将收购德铁信可（DB Schenker），继续巩固其全球空运代理中探花的地位；2021 年 9 月顺丰控股全资子公司（Flourish Harmony Holdings Company Limited）成功收购嘉里物流（Kerry Logistics）9.31 亿股股份（约占嘉里物流已发行股本的 51.5%），同时顺丰控股还通过非公开发行 A 股募集 200 亿元资金用于升级速陆运网络、建设空运网络、开展数智化供应链系统等业务；京东物流（JDL）2021 年 5 月 28 日在港交所正式上市，募集资金金额 241.13 亿港元，2022 年收购德邦物流（DEPPON）；华贸物流（CTS Freight）也于 2021 年完成对佳成国际物流（JCEX）70% 股份的收购；德国雷诺斯（Rhenus）收购 LOXX 集团后，又宣布收购德国本土知名货代公司宝莱吉物流集团（BLG Logistics Group）；2021 年 2 月 22 日，德迅宣布收购亚洲物流公司爱派克斯国际物流（Apex），

该收购使得德迅物流空运货量首次超过敦豪。

愈演愈烈的空运代理竞争与重组案，与货运代理来源广泛的赚钱能力是有一定联系的。目前，国内代理除差价外，更多通过提供增值服务赚取利润，如拖车、报关报检、打包、空+派等。货代分一级代理、二级代理、多级代理等，二级与多级代理需要向一级代理"借单"，而一级代理能够从航司拿到单号、价格和舱位，是拿单代理；如果进一步与航司签订协议，可以是CPA（Capacity Purchasing Agreement，运力购买协议），也可以是BSA（Block Space Agreement，包板协议）。CPA较为宽松，双方只需在特定时间段给足相应吨位货物即可，一般适用于客机腹舱和窄体客机。BSA较为严格，多见于货机舱位销售，对细节都有明确说明，包括航班号和DOW（Day of Week，周几）、预留固定板位（Allotment）及每块板要交的最低重量要求（pivot），交不够（under pivot）要交空舱费（Dead Freight）作为罚款。时间上是有一个EQ（Equalization，平衡）条款，可规定时间内补齐，但不一定能保证舱位。航司会根据代理上一个合约期履约情况（Agent Performance）、CASS（Cargo Account Settlement，货运财务结算系统）是否有不良记录、是否愿意配合航司安排做出配货调动等来综合考虑双方的协议。

思考题：

（1）货运代理在空运中的作用是什么？

（2）将本文中2020年的全球空运货运代理TOP50排行榜与最新年份的TOP50排行榜，说说有什么新的变化，以及呈现出来什么样的行业集中度情况？

（3）结合空运代理的业务，具体说说都有哪些盈利来源？

（4）结合当前货运代理业的发展，说说未来的发展前景。

案例3-3-3：机场管理与商业盈利模式

我国民用运输机场数量从1978年的78座增加至2021年的248座，根据民航局《"十四五"民用航空发展规划》，到2025年，我国民用运输机场数量将达到270座，根据国务院《国家综合立体交通网规划纲要》，2035年我国民用运输机场将达到400座左右，基本建成以世界级机场群、国际航空（货运）

枢纽为核心、区域枢纽为骨干、非枢纽机场和通用机场为重要补充的国家综合机场体系。

肇始于2003年的机场属地化改革，至2006年改革告一段落，我国机场管理模式形成五种模式：一是民航局和地区管理局直接管理，中央和地方联合投资建设，如首都国际机场、西藏贡嘎机场及邦达机场；二是地方政府管理，地方投资，建成后归地方政府管理，主要有虹桥机场、厦门机场、珠海机场、深圳机场、三亚机场以及一些小型机场；三是中央和地方按投资比例实施股份制管理，如广州新机场由民航局控股，有的则由地方政府控股；四是中外合资经营管理，如南京禄口机场；五是航空公司投资控股，如海航曾经控股了美兰机场、凤凰机场、潍坊南苑机场、三峡机场等在内的13个机场。随着机场之间竞争日趋激烈，机场之间的并购重组也比较普遍，首都机场集团通过购并成为一个从南到北分布在10个省、自治区、直辖市的包括31家成员机场的巨型机场集团，西部机场集团已拥有8个机场、跨3省区的机场集团……

不管机场采取何种管理模式，机场业务都需要围绕人、机、货三大客户展开，并由其他单位驻场提供相关服务，如中航油、中航信、空管、各基地航空公司、货代公司等。机场业务分航空业务与非航业务两大类，前者主要实施政府指导价，一般包括安全保卫、地面服务、旅客服务、贵宾服务、航空配餐、货运站、信息网络中心、能源动力、机场快递等业务，后者主要实施市场调节价，一般包括票务代理销售、广告传媒、候机楼商业、停车场、机场巴士、宾馆、旅游、餐饮、物流管理等业务。机场收入相应可分为航空收入与非航空收入，根据2017年民航局发布的《民用机场收费标准调整方案》，明确实施航空性收费为政府指导价，非航空服务收费为市场调节价的政策。其中航空收入来自飞行区，是公益性的，具有垄断性，价格通过听证会确定，主要包括四大块：一是起降费，包括场道服务、消防服务、救护费，夜航附加费，航道灯光费，停场费等；二是飞机停场费，包括停放机位、安全警卫、监护、泊位引导系统等设施及服务收取的费用；三是地面服务费，包括旅客过港服务费、机务费、客桥费、飞机清洁费、运输服务费、安检费、加油费、处理旅客、货物及行李的收费；四是场地租用费，包括头等舱休息室、贵宾室、值机柜台、仓库用地、办公室等营业用地。非航空收入来自航站楼延伸区，是收益性的，具有竞争性，价格由市场供求定价，主要来源包括租金收入、特许经营收入（来自商店、餐饮业、免税店、银行、停车场、旅店等)、租户管理费(水、电、清洁费)、直接销售收入(由机场经营的商店等)、停车费收入(由机场经营的)、与机场无关的活动收入(如土地开发等)、其他收入(如利息收入)等。当然，对机场收入的归类方法也有不同意见。目前，非航业务收入已经成为多个机场的主要收入来源，以2016年为例，非航收入占总收入的比重，法兰克福机场(Frankfurt)为58%，巴黎机场(ADP)为50%，史基浦机场(Schiphol)为43%。零售、餐饮、广告外，汽车租赁、货币兑换等都成为机场收入的主要来源。机场日常支出分人工成本(工资、福利、保险等)、资本费用(固定资产折旧、利息)与运营成本(购入的水电服务、设备、辅料、维护保养费用、管理费用、其他运营费用)三大项。

以典型的首都机场集团公司(简称CAH)为例，2002年12月正式成立，是一家以机场业为核心的跨地域的大型国有法人独资公司。其商业模式在于通过航空主业带来源源不断的持续流量，通过延长客户的"自愿停留时间"，从而提升流量价值，获取更多收益。为更好地管理机场各类资源，机场划分为不同的战略业务单元(Strategy Business Unit，简称SBU)，分商业SBU、安全SBU、保障SBU、运营SBU、其他SBU、职能部门等。联合重组后，首都机场集团以市场为导向，以资本为纽带，依托机场，服务航空，开展多元化经营，实现机场产业资本与金融资本的结合。业务发展上形成机场管理、金融投资、机场商业地产的业务发展格局，着重发展机场运营、机场保障、机场商业、临空生态和投融资五大板块，已经发展形成一个大型复合枢纽机场(北京)、3个区域性枢纽机场(天津、武汉、重庆)、5个中型枢纽机场(贵阳、南昌、呼和浩特、长春、哈尔滨)和6个省级支线机场群(湖北、贵州、江西、内蒙古、吉林、黑龙江)的布局发展格局。2019年，首都机场集团所属机场旅客吞吐量、货邮吞吐量和飞机起降架次分别达到2.24亿人次、267.8万吨、155.9万架次。2021年受疫情影响，全年旅客吞吐量、货邮吞吐量和运输架次仍然分别达到1.4亿人次、226.5万吨和121.5万架次。

思考题：

(1)结合具体机场说说，如何提升非航收入。

(2)说说特许经营与租赁的区别。

(3)说说机场与航空公司、机场商店、临空经济园区之间的关系。

(4)请说说航空公司除主业外,可以获取的辅助业务收入有哪些?

案例3-3-4:机场商家运营管理问题

与我国民航客运吞吐量高速增长相反,国内机场商业呈现下滑态势,很多机场都面临商家退租的现象。当前,国内机场商业呈现"两低一高",两低一是体现在机场在商业板块的收入低,投放在商业经营上的面积有限,退租率攀升,空置率提高;二是旅客对机场提供的商业服务满意度较低。这是因为机场提供的产品和服务不够丰富,需求未被完全释放;机场所提供商业服务的形式和类型也不够,旅客体验较差,潜能未被挖掘。一高体现在商户在机场经营的限制多、压力大。主要包括:机场租金普遍偏高,千万级机场的租金已经达到超一线城市购物中心首层的价格水平;机场对商户经营的支持不足、设置的限制性因素过多(商业经营涉及多部门,民航局相关部门地位高于商业相关部门,凸显商业板块普遍不被重视);机场客流自愿停留时间普遍不长,以航班不准点时的强制停留时间为主,转化率低。

显然,造成这一现状的原因既有观念上,也有体制上的原因,此外与机场创新不足也有一定关系。具体来说有四个原因是造成机场"两低一高"的主要因素。一是国内机场在商业方面的租金水平相对偏高,地段价值与租金价格发生某种程度的背离。二是价格的弹性机制未形成,无论市场条件如何,普遍由商户来承担所有的经营风险。三是在机场经营的业态、品牌等组合的动态调整的机制未形成,机场管理方普遍存在一次规划、一次招商,想一劳永逸解决商业问题的心理。四是大量新航站楼投入使用使机场整体供应的商业面积增多,但机场对市场的开发能力却没有相应提升。

作为一个直接经营方,机场地段的价值非常高,因为在市内其他地段很难集中出现一个高质量的客户群体,但机场的运营方并没有把这个价值挖掘出来,所以人们会认为机场租金高于其价值。同时,机场将商家和旅客都限制住了。对于旅客,还不足以获取到所希望的轻松愉悦的机场体验;对于商家,不仅业态选择受限,促销活动也受限。移动互联网的迅速发展与机场管理机制的固化之间的矛盾对业态的创新构成巨大障碍,众所周知,促销活动本身包括了品牌、宣传、对外形象的展示，而在机场的管制下，商家可采取的促销活动大大受限。比如机场不允许商家布置巨大的夺人眼球的广告，这就把商家的创新能力、旅客的注意力都限制了。而产生这种限制的原因是因为机场的本质是公共交通服务设施，后来才慢慢衍生出了经营性商业活动，但由于其本质还是交通设施，所以必然会面对一些非纯商业购物中心必须去面对的约束，比如安全、服务等。参考全球领先的机场，如新加坡樟宜机场，在安全、服务与盈利方面，就通过智能化流程的创新，提高了旅客体验，从而较好地平衡了安全服务和商业促销的关系。因此，机场可以考虑借助一些科技手段创新设计，让整个机场地段变得更加符合商业经营的条件，从而提升机场商业的价值。

从供需两方面考虑，未来机场商业有三个发展方向。一是供给方面，通过构建O2O平台，突破商业面积的物理限制，相应增加机场实业的产品与服务的丰富度；二是建设主题机场，增加旅客在机场的自愿停留时间；三是发展智慧机场，减少旅客在机场的非自由时间。显然，实现这些一是需要机场管理层转变观念，提升机场商业在公司业务结构中的战略地位，通过明确商业管理部门的自身定位，界定清楚"责权利"；二是实施专业化运作，打造一支专业化的商业管理和运营团队，健全和完善商业资源评价体系；三是进行体制改革，变革组织文化环境，营造容许试错的氛围。当然，在特许经营基础上，机场本身应该主导一些事情，比如制定更加鲜明的主题定位，所要倡导的生活方式、品牌理念等，在搭建好这些基础框架后，机场应该充分相信市场机制作用，让商户围绕框架和定位发挥他们的创造力，充分调动机场商户的积极性。

思考题：

（1）商家选址机场有何优点与缺点？

（2）除案例中提到的外，你认为机场还可以采取哪些措施来改善机场商业运营环境？

（3）机场的商家可以采取哪些创新，来提高自身运营绩效？

第四节 航空物流客户服务分析

案例 3-4-1：中外运空运公司的第三方物流服务

中外运空运公司是中国外运集团所属的全资子公司，为客户提供包括出口运输、进口运输、国内空运、国内陆运、国际快递、国际海运和国内提供的派送等在内的全方位物流服务。某日，中外运空运公司了解到 MOTO 公司需要找一家第三方物流企业作为合作对象，对合作对象的考核标准为严格的月季度考评，主要考核内容包括运输周期、信息反馈、单证资料、财务结算、货物安全和客户投诉等。对第三方物流企业服务的具体要求为：①要提供 24 小时的全天候准时服务。②要求服务速度快，时间以小时计算。③要求服务的安全系数高，对运输全程负责，确保各个环节都不出问题，一旦出错则由第三方物流服务商承担责任，赔偿损失，而且当过失达到一定程度时，将被取消合作资格。④要求信息反馈快，与 MOTO 公司联网，做到对货物的随时跟踪、查询、掌握货物运输全过程。⑤要求服务项目多。

为此，中外运空运公司根据客户货物流转的需要，采取了如下做法：

（1）制定科学规范的操作流程。根据 MOTO 公司货物科技含量高、货值高、产品更新换代快、运输风险大、货物周转及仓储要求零库存等特点，从 1996 年开始，设计并不断完善业务操作规范，并纳入公司的程序化管理。对所有业务操作都按照服务标准设定工作和管理程序进行，先后制定了出口、进口、国内空运、陆运、仓储、运输、信息查询、反馈等工作程序，每位员工、每个工作环节都按照设定的工作程序进行，使整个操作过程井然有序，提高了服务质量，减少了差错。

（2）提供 24 小时的全天候服务。实行全年 365 天的全天候工作制度。周末和节假日均被视为正常工作日，厂家随时可出货，随时有专人、专车提供物流服务。在通信方面，相关人员从总经理到业务员实行 24 小时的通信畅通，保证了对各种突发情况的及时处理。

（3）提供门到门的延伸服务。普货运送标准一般是机场到机场，由货主自行提货，而快件服务标准是"门到门""库到库"，而且货物运输全程都在严密监控之下，因此收费也较高。对 MOTO 公司的普货虽然是按普货标准收费的，但提供的却是门到门、库到库的快件服务，这样既提高了 MOTO 公司的货物运输及时性，又保证了安全。

（4）提供创新服务。从货主角度出发，推出新的、更周到的服务项目，最大限度地减少货损，维护货主信誉。为减少货物运输中被盗的风险，在运输前增加了打包、加固的环节；为防止货物被雨淋，又增加了塑料袋包装；为保证急货按时送达货主手中，还增加了手提货的运输方式，有效解决了 MOTO 公司货物运输的痛点和难点问题。

通过以上措施，中外运空运公司如期获得了 MOTO 公司的认同，双方展开了长期合作。

思考题：
（1）简述 MOTO 公司选择第三方物流服务的优缺点。
（2）与传统航空货运公司相比，中外运空运公司有何优势与劣势？
（3）中外运空运公司的目标市场客户有哪些？为什么选择这些客户群体？

案例 3-4-2：天津空港货运公司的特货保障服务

近年来，天津空港货运有限公司（简称天津空运）致力于国际货运业务标准化，不断提升超特货物的防护能力，积累了丰富的操作经验，赢得了航空公司与货主的一致好评。其空运业务范围包括精密仪器、卫星通信车辆、高铁车体、大型发动机、救援物资、药品、危险品、医疗器械、活体动物等十余类、上百个品种的特种货物。

为保障特种货物的运输服务，天津空运在接到航空公司发来的信息后，会根据货物和集装设备（Unit Load Device，简称 ULD）情况准备相应数量的平台车。如超过 11 米的货物就准备两辆，一辆主操作，另一辆负责保护；超过 14 米的货物就需要找吊车辅助，因为此时货物长度超出了平台车两个主台的长度。

某日，HY 航空通知天津空运有两件超长货物需要提供保障服务，这两件超长货物实际上是两架卡曼 K-1200 型直升机。待飞机入位时已是晚上,在光线不足的情况下,保障货物出舱难度增大。为确保货物重心逐渐转至平台车上,平台车需要不断调整主平台与飞机舱门的位置,并且始终保持水平对接。当货物移出飞机后,对接的第二辆平台车需要紧跟上,负责协助保护超出第一辆车主平台的部分,同时缓慢、平稳地将整个货物移出货舱、卸至地面。两辆车的操作过程必须保持同步,这对技术精确度的要求极其苛刻。天津空运的两位平台车司机凭借丰富的经验及精湛的驾驶技术,默契配合、娴熟地完成了每一个操作,顺利将两件超长货物卸机入库。

不久后,天津空运又接到 HY 航空 OZ998 航班超宽特种货物的出港保障任务,将宽 3.25 米的空客 A380 发动机出舱入库,考虑到该发动机宽度几乎与波音 747 全货机主舱门同宽,稍有不慎就会造成货物与舱门的剐蹭,操作难度极大。天津空运平台车驾驶员和装卸人员仅用 11 分钟就圆满完成了此次难度大、风险大、挑战高的特种货物保障任务,避免了货物与舱门发生剐蹭,成功将发动机运出舱门。

2020 年夏天,一批使用恒温柜运输的电子敏感芯片要装入舱门,恒温柜每个长 6 米,宽 2.44 米,高 2.75 米,重量分别为 11.1 吨和 9.4 吨。由于这批特殊货物是电子敏感芯片,对温度控制和无尘密闭等要求十分苛刻。一旦超出温度界限或是沾染灰尘、杂物,就会导致内部芯片损坏。为此,天津空运保障人员在逐个解决了货物稳定性、设备安全性等问题后,先将装载恒温柜的车辆倒至平台车的主平台尾部,再将它们缓缓装上飞机。

此外,近年来天津机场的活体动物空运日益活跃,大熊猫、犀牛、种马、种牛、羊驼、海豚、猴子、观赏鱼等更是屡见不鲜。针对不同类型活体动物,天津空运有不同的保障方式。如脾气暴躁和攻击力强的动物需要用金属制箱笼装运,避免动物在运输过程中撞断栅栏,造成人员伤亡;超高的动物如长颈鹿,必须用透气的专用箱笼,并在箱体上戳一些通气孔来确保长颈鹿呼吸顺畅;而像猴子这类超活跃的动物,就要在笼子上加装锁链,防止逃逸事件的发生,等等。

这些保障任务顺利完成的背后,是天津空运坚持以客户需求为前提,严格操作规程,不断开展员工专业技能培训,努力打造一支能力突出、经验丰富的保障团队,为中外 43 家航空公司、10 余款机型提供高效、专业的平台车保障

服务，从而高效、便捷、经济地完成了天津机场一半左右的货机空运服务保障工作。

思考题：

（1）特货都有哪些类型？你认为哪类特货最难操作，为什么？
（2）危险品运输要注意些什么？
（3）你认为天津空运在特货保障中有何优势？它所采取的企业战略是什么？

案例3-4-3：Delta航空公司旅客满意度调查

Delta公司是美国运营收入名列第3、载客人次名列第2的航空公司。Delta不仅在技术和电子商务方面的创新受到广泛的关注，而且在顾客服务质量方面也享有盛誉。

自2000年以来，全球航空公司绩效调查（GAP）与P. Robert咨询公司和IATA位于伦敦的航空信息与研究部合作，在30个国家开展了22个航空公司的旅客满意度辛迪加调查。该调查每年抽取24万旅客，用7种语言开展调查。访谈选择在旅客等待登机的时候进行，这是因为调查者认为，当调查对象记忆犹新时填写问卷是最佳的时机，有利于航空公司清楚准确地了解顾客的真正需求。调查由两部分组成：第一部分关于航空公司人员及服务态度的20个问题；第二部分询问有关登机、机上服务和舒适性的问题，需要通过邮寄或传真返回。该调查是一项连续的调查，这样方便航空公司动态追踪顾客的反应。该调查显示，旅客最关心的两个服务问题，一是准时起飞和到达的问题；二是航空公司员工与旅客的关系问题。Delta公司非常重视针对旅客满意度的这些调查，并针对所收集到的竞争对手信息，安排人员重点研究和改进旅客重视、而航空公司相对薄弱的领域或环节。结合调查结果，Delta公司一方面加强运营管理，确保时刻表更加可靠，另外强化顾客服务，提高顾客满意度。可以预见，重视旅客满意度将是Delta在竞争中继续领先的重要手段。

思考题：

（1）如果Delta公司想了解旅客对自己公司登机过程、机上服务和舒适度的评价，请设计这样一份问卷。

（2）开展问卷调查的前提是什么？调研时需要考虑哪些问题？

（3）你认为 Delta 公司可以采取什么措施来进一步改善其机上服务？

案例 3-4-4：休斯敦机场行李等待时间的处理

乔治·布什洲际机场是美国休斯敦三大机场之一，航班航次多，行李处理难度大，乘客由于取行李的等待时间过长，感到焦虑和不安，以致投诉不断。

起初，为了减少等待时间，机场增派了更多的行李员，将乘客等待的时间大幅度缩短至 8 分钟。机场的管理者们原本以为已经有很大改进，可以有效平复乘客的情绪，可是事不如愿，乘客抱怨并未减少。为此，管理者只好向美国著名管理学家斯蒂芬·罗宾斯求助。罗宾斯调查分析后认为，乘客取行李的等待时间主要是由两部分组成：一部分是下飞机后走到行李转盘处的时间，大概 1 分钟，另一部分是在行李转盘处等待取包的时间，大约需要 7 分钟。而行李运送的时间分三部分，一是从行李舱卸到行李车上，大概 1 分钟时间；二是行李车开到行李转盘处，并放置到行李转盘上，大概需要 6 分钟的时间，三是行李转盘转动到等待的乘客处，大概 1 分钟的时间。

罗宾斯认为，乘客的时间浪费在无所事事地等待行李上是乘客抱怨的主要原因。考虑到顾客满意本质上是顾客心理预期与服务感知对比后的心理反应，机场提出了一个解决之道：拉远飞机出口到行李转盘处的距离，让乘客到行李转盘处的时间延长，比如 6 分钟，同时将乘客的行李包按另外的较短特定路线送至行李转盘处。这样，虽然会使乘客比之前多走大约 5 分钟的路程到达行李转盘处，但是乘客在行李转盘处只需等待大约 2 分钟后就能拿到自己的行李。新方法施行后取得了立竿见影的效果，很少再有乘客因为取行李等待时间过长而投诉了。显然，新方法其实基本上未减少等待的总时间，只是将走到行李处的时间和取行李的时间进行了调整而已。但这样一来，取行李的时间大多花在了走路上，而走路与无所事事相比，时间更好打发。与其让顾客无所事事地等待，不如故意给顾客找点"麻烦"，缩短其心理等待时间。

思考题：

（1）请问罗宾斯的解决之道是否真正解决了问题？为什么？

（2）按照罗宾斯的解决办法，整个时长没有变化，为什么顾客抱怨和投诉减少了？

第五节　航空物流市场营销分析

一、航空战略营销

案例 3-5-1：航空物流园区货邮吞吐量预测案例

为了更好地开展园区规划改造工作，PD 航空物流园区需要对 2016—2020 年的货邮吞吐量进行预测，于是收集了 2005 年至今的 PD 航空物流园区货邮吞吐量、当地货邮吞吐量及当地 GDP 等相关数据，如表 3-2 所示。

表 3-2　2005—2016 年 HQ 货邮吞吐量与 GDP 相关数据表

（货邮吞吐量单位：亿吨；GDP 单位：亿元）

年度	PD 货邮吞吐量	当地货邮吞吐量	当地 GDP
2005	185.712	221.6715	9197.13
2006	216.8072	253.1653	10 598.86
2007	255.9246	294.815	12 878.68
2008	260.3027	301.8753	14 536.9
2009	254.3394	298.2466	15 742.44
2010	322.8081	370.8519	17 915.41
2011	308.5268	353.9337	20 009.68
2012	293.8157	336.7971	21 305.59
2013	292.8527	336.3643	23 204.12
2014	318.1654	361.383	25 265.79
2015	327.5231	370.8831	26 887.02
2016	—	386.9188	29 887.02

第三章 结构型航空物流案例分析

为了提高预测准确性和可靠性，园区经理分别采用多种方法进行预测，其中时间序列法采用三次指数平滑法进行预测，而相关回归分析用当地货邮吞吐量与当地 GDP 分别进行线性与非线性回归预测。

（1）指数平滑预测

根据 PD 航空物流园区货邮吞吐量曲线趋势，选用三次指数平滑法，平滑系数 α 取 0.65，通过计算得到预测模型为：

$$\hat{Y}_{t+T} = a_t + b_t T + c_t T^2 = 327.92339 + 15.07476 \times T + 1.38715 \times T^2$$

其中：$a_t = 3S_t^{(1)} - 3S_t^{(2)} + 3S_t^{(3)}$

$$b_t = \frac{a}{2(1-a)^2}[(6-5a)S_t^{(1)} - 2(5-4a)S_t^{(2)} + (4-3a)S_t^{(3)}]$$

$$c_t = \frac{a}{2(1-a)^2}[S_t^{(1)} - 2S_t^{(2)} + S_t^{(3)}]$$

$S_t^{(1)}$、$S_t^{(2)}$、$S_t^{(3)}$ 分别为第一次、第二次和第三次指数平滑值；2016 年至 2020 年的 T 分别取 1、2、3、4 和 5。

相应预测结果为：

年份	2016	2017	2018	2019	2020
预测货邮吞吐量	344.3853	363.6215	385.6321	410.4169	437.9761

（2）线性回归预测

利用 2005 年至 2015 年的当地货邮吞吐量和当地 GDP 作为自变量，采用多元线性回归模型，得到拟合程度较好的线性回归模型如下：

$$f(x) = -16.27779 + 0.9019681x + 0.0002985GDP$$

其中 x 为当地货邮吞吐量，GDP 为当地 GDP。

结果显示调整后 R 方为 0.9986，对应的 2016 年的预测值为 341.6305 亿吨。

（3）非线性回归预测

利用 2005 年至 2015 年的当地货邮吞吐量作为自变量，采用一元非线性回归模型，得到拟合程度较好的二次曲线模型如下：

$$f(x) = -12.09962 + 0.8731952x + 0.0000999x^2$$

其中调整后 R 方为 0.9982，对应的 2016 年预测值为：340.717 亿吨。而如果将当地货邮吞吐量换为当地 GDP，得到的二次曲线回归模型的 R 方仅为 0.8521，因此不予考虑。

综上，可以发现 2016 年的预测结果在 340.7 亿吨到 344.4 亿吨之间，实际 2016 年 PD 航空物流园区的货邮吞吐量为 344.028 亿吨。可见，用三次指数平滑法预测结果要更接近实际值，可以直接采用三次指数平滑法的预测结果，也可以找专家对这三种预测结果赋予权重，然后再进行组合预测。

思考题：

（1）在预测方法中，指数平滑法和回归分析法各有什么特点？分别适合何种情形。

（2）请换一种方法，如灰色系统预测法进行预测，并将预测结果与案例中的预测结果进行比较。

（3）查找全民航、某一航空公司或某一机场的业务数据，对其进行预测，并对预测结果进行解释说明。

案例 3-5-2：波音公司差异化服务案例

波音公司是全球民用飞机最主要的制造商之一，总部位于芝加哥，在全球拥有近 1.3 万架运营中的喷气式客机，约占全球客机总数的 75%。集团下设飞机项目部、民用航空服务部和 787 项目部三个部门，面向 145 个国家和地区的客户提供产品和服务，在服务差异化方面取得诸多成效。

（1）设计研发环节

787 项目启动前就耗费巨资对全球商务舱的 10 万名旅客进行调研，以便获悉乘客的舒适度与飞机设计方面的关系。根据调研结果，由专业建筑师设计改进客舱布局，让飞机空间更大、旅客飞行体验更佳。

（2）产品生产制造环节

波音邀请供应商和客户参与飞机的整个研制过程，与全球合作伙伴共同完成飞机的生产，如 747 飞机的 450 万个零部件，就来自近 10 个国家，由 1000 多家大企业、15 000 多家小企业共同生产。波音已经从单纯的飞机生产商转变为高端的系统集成商，这一战略使得波音产品具备更多的附加价值。

（3）市场营销环节

售前服务阶段，波音将客户内部化，让客户参与飞机的设计和生产过程，通过从客户获得的信息来改善产品；售中服务阶段，波音对销售人员进行全面培训，要求销售人员不仅全面了解公司产品和客户，还要对客户的飞行计划、飞行时间表、驾驶员及客户的财务状况、发展战略和文化等细节都非常了解，使销售人员的业务能力在同行业中处于较高水平；售后服务阶段，波音成立了由工程师、飞行员、机械专家、零部件管理员等各领域专家组成的专门客户服务部来负责售后服务，每次客户购买飞机后，都会派出一个专门的小组去提供跟踪服务。

（4）客户服务环节

波音增加了很多培训服务项目来赢得全球的客户，还为客户提供飞行培训和技术数据出版物，如飞行手册、签派偏差指南（Dispatch Deviation Guide，简称DDG）、最低设备清单（Master Minimum Equipment，简称MMEL）和其他相关文件，这些出版物还可通过网络获取，这就大大丰富了客户的体验。

为成功转型为系统集成商和服务提供商，波音压缩生产制造环节业务，增加研发设计、总装集成、营销客服等附加值高的业务，使其有能力为客户提供更多更优质的服务，从而获取更大的竞争优势。

以设计研发环节的调研为例，波音定期开展市场调研，以了解其客户（航空公司）及其顾客（旅客）的需求和关注点。波音曾委托哈里斯互动调查公司（Harris Interactive，简称HI）开展一项旅客对飞机偏好的调研。HI是全球最大的营销研究公司之一，通过向调查对象提供能代表真实乘机旅行的情景，以便更好地理解影响受访者选择的态度因素和感知因素。该项调查面向英国、东京和中国香港18岁以上、最近至少乘坐过一次8小时以上国际航班的乘客，调查访问在2003年11月至2004年2月期间进行，采用两阶段调研方法。首先对调查对象进行筛选，并对合格对象进行电话访问或面访，然后邀请他们在家、工作单位或指定地点完成在线调查。HI在每个地区调查了相同数量的头等舱、商务舱和经济舱乘客。主要结果如下：（1）对于直飞航班，60%以上的乘客更喜欢单层、250座的客机，而不是双层、550座的客机；（2）70%的乘客更喜欢乘坐单层、250座客机的直飞航班，而不是双层、550座、带中转休息室的航班；（3）三个地区各舱位的全部旅客认为小一些的客机能够提供比550座

客机更好地办理登机手续、登机、下飞机、取行李、报关和过境的体验。

上述调查结果提供了许多重要的信息，比如长途旅客通常喜欢小飞机带给他们的更加便捷和灵活的旅行体验。为此，波音公司通过改进产品做出了回应。根据这项调研和后续对航空公司的深度访谈结果，波音开发了针对100~215座市场的波音737新机型。该新机型注重向航空公司提供更经济的解决方案，向旅客提供更佳的飞行体验和飞行环境。这些做法，使得波音737家族在全球赢得了5200架的订单，波音也成为世界上最流行和最可靠的商用喷气式飞机生产商。这充分说明市场调研与差异化服务对于企业获取竞争优势具有关键性作用。

思考题：

（1）简述开展市场调查的步骤。

（2）航空市场营销有何特点？与普通企业营销有何不同之处？

（3）波音邀请供应商和客户参与飞机整个研制过程，这种做法有何优缺点？

（4）请设计一份面向货主的评价航空货运服务质量的调查问卷。

案例3-5-3：海航集团的高科技信息化建设案例

海航集团经营国内航空客货运输业务、周边国家和地区公务包机飞行、航空器维修服务、航空旅游、航空食品等业务，先后建立了9个航空运营基地（Hub），并将业务拓展到酒店旅游、机场管理及相关产业。1995年，海航开始发展以支线为主的"毛细血管战略"，形成了适用于中短程干线飞行、短程支线飞行，公务、商务包机飞行的航线布局。同年引进公务机，并在北京设立了公务客机飞行基地，首开中国公务包机飞行。1999年，海航获准经营由海南省始发至东南亚及周边国家和地区的定期和不定期航空客货运输业务。海航充分利用其国内支线客机群，开通了海口、三亚、湛江、北海、桂林、南宁、珠海等华南地区城市之间的短程航班。

面对变化的市场环境，2002年开始，海航把信息化建设提高到集团核心竞争力的战略高度，实行"四个统一"（统一规划、统一设计、统一管理、统一

第三章 结构型航空物流案例分析

实施），力求提高信息系统的管理与运营效率，实现IT与集团业务发展快速同步。通过技术升级，使旅客能在网上完成电子客票出票、订票、变更日期、退票等业务，不仅节省了旅客的时间，也节省了公司成本，拓展了市场份额，共开通国内近五百条航线，辐射包括北京、上海、乌鲁木齐、西安、宁波、重庆、成都、海口等大中型旅游城市。

针对散客、学生、教师等选择出行条件比较宽松的群体，海航在全国推出"旅行管家"不定期机票，分为二折机票和三折机票两种，乘客的出行时间需交给海航提前安排，或旅客根据海航的座位情况来选择，一旦有空余座位，海航将通知旅客成行。购买"旅行管家"产品的旅客，须提前7至15天选定行程、支付票款，海航将根据座位情况，提前指定旅客乘坐的航班；其中选购三折不定期机票的旅客，还可以自行选择出行日期和航班；被指定的航班不能自行随意变更航段、时间及退票。为了降低旅客购票的风险，海航表示如因市场原因、旅客选择原因未能得到安排，可在有效期内给乘客免费退款。此外，海航还与中国工商银行、万事达卡国际组织联手发布国内首张符合国际标准的MASTERCARD品牌航空联名信用卡：牡丹海航信用卡。该卡片一卡双币、全球通用，不仅拥有普通牡丹国际信用卡的所有功能，而且可享受海航常旅客计划的各种奖励与优质服务，参加MASTERCARD国际组织推出的各种境内、外促销活动。

然而，随着海航集团对IT系统的不断投入，IT环境已经发展成为一个跨地域、多厂商、多系统的复杂IT环境，IT系统运营也变得越来越复杂，原有运营架构及运营流程无法满足集团业务对服务效率与成本的要求。比如海航开发的一个航空运行网系统，实现了运行、飞行、机务与服务信息资源共享，成为信息汇总的枢纽，每天24小时实时地与航空运行管理系统（Flight Operations Control，简称FOC）系统、航行情报、气象系统等20个业务系统交换数据，如果其中任何一个接口出问题，都将导致生产一线部门无法正常工作，因此接口稳定性成为整个航空运行网系统能否正常运行的关键。类似情况还很多，海航迫切需要构建一个稳定完善的IT服务管理体系支撑平台。为此，海航找到HP公司提供IT综合解决方案，通过基于管理制度和流程，设计相应人员职责角色，并将相关流程落实到技术中，实现人员（People）、技术（Technology）和流程（Process）的有机结合，达到IT运维管理的标准化和规范化。海航还结合自身实际,调整和优化了IT服务部门的组织结构和工作流程,设计并采用了三线服务支持模式:一线为统一特服号的IT服务热线和现场工程师,负责受理并处理终端用户的软硬件故障和服务请求、机房设备巡检、监控等任务;二线为运维管理人员,除日常负责维护海航信息应用系统、网络等外,还分别针对各类不同的集团用户,设计并对系统架构进行统一的规划、部署,同时还解决由一线传递过来的突发事件;三线为技术专家组成员,负责IT服务项目的管理工作,并负责解决由二线传递过来的问题。同时,HP公司还为海航引入了IT服务管理平台,可实现帮助管理、事件管理、问题管理、变更管理、配置管理等多个功能,能更有效地帮助海航实现服务级别管理。

海航在IT服务模式和组织架构优化基础上,建立了IT服务流程监督机制和客户满意度调查机制,有效解决了海航对信息系统稳定性及适应性的需求。新的体系还能为海航信息管理层实时提供流程KPI管理报表,以及其他具有实用价值的统计报告,帮助海航及时了解整体IT服务运营状况和服务水平,为考核员工提供科学依据,并保障了整体IT信息系统的稳定性、高效性和灵活性。

思考题:
(1) 影响航空公司市场营销的宏观环境有哪些?
(2) 采用高科技信息化建设对航空公司而言有什么好处?
(3) 本案中海航的信息化营销手段对哪些客户群体有吸引力?为什么?

二、空运产品策略

案例3-5-4:南航的服务品牌建设与特色服务

1. 南航服务品牌建设

2008年,为提升品牌影响力,围绕特定客户群体对特色服务的需求,南航着力开展服务品牌建设,针对特定客户群体提供特色服务。其中,针对高端旅客,实行一对一个性化服务;针对喜欢品酒、喜欢高尔夫运动的人士,推出特定产品；针对无人陪伴儿童，实行精细化服务。特色服务实施一年来，南航明珠会员乘机比增长56%，两舱旅客中明珠会员比重增长47%。尽管受到2008年初华南地区冰雪灾害的影响，南航航班正常率依然维持国内领先水平，高达83.22%。实施"正点奥运"行动中，南航在北京、青岛、上海、沈阳、秦皇岛、香港等奥运举办城市的航班正常率达到93.4%，位列全国各大航空公司之首。一年来的持续努力，使公司服务赢得了越来越多的认可和赞誉。2008年南航共承运旅客5824万人次，客运量连续30年居国内各航空公司之首，平均每3名中国民航旅客就有1名选择南航，南航因此成为客运量亚洲第一、世界第四的航空公司。继2007年后，南航再度获得民航局"旅客话民航"年度服务最高奖——"用户满意优质奖"，同时被国际著名的《全球旅行者》杂志评为2008年"中国最佳航空公司"。

2."空中酒窖"特色服务

南航实施"客舱革命"，计划在所有航班两舱推出"空中酒窖"服务，在2小时以上的国内航班两舱使用先进的便携式娱乐设备（Portable Multimedia Device，简称PMD），提供15个频道的节目选择，丰富两舱娱乐节目；在部分国际远程航线，启动机上互联网服务；按季发布机上餐谱，同时在北京、上海、深圳和广州往返航班上全面开通两舱网上订餐功能。营销、地面服务人员及时了解两舱旅客的喜好并录入高端旅客服务系统，机组人员可根据系统提示为旅客提供个性化服务。

以南航旗下深圳分公司为例，2008年全面提升空中服务，率先在一个半小时以上航班的头等舱推出"空中酒窖"品牌服务，提供的是南航新引进的法国红、白葡萄酒，旅客在机上将品尝到来自法国波尔多和勃艮第等葡萄酒原产地的美酒。实施过程中，南航深圳分公司改变以往服务中只注重服务结果，忽略服务过程的不足，在服务程序上进行了改进，将"介绍—开酒—试酒—倒酒"这一整套程序展示在旅客面前。为更好地配合此项服务的开展，所有参与此项服务的空乘人员，尤其是乘务长和头等舱乘务员提前进行了葡萄酒文化、侍酒服务、葡萄酒鉴赏知识的培训，并编写了标准手册，使旅客在机上除了能品尝到知名的法国葡萄酒外，还能够从空乘的服务中了解到更多的葡萄酒常识。品酒过程中，服务人员恰到好处的介绍、熟练的开酒动作、木瓶塞拔出时悦耳的一响、高脚杯中迷人的酒红、一道美味的牛扒，这一切都构成品酒体验中不可或缺的部分。值得一提的是，南航深圳分公司对于用具也做到了精益求精，木制的酒架、新款开瓶器、切箔器、抽真空设备、酒塞、倒酒器等一应俱全，真正使旅客在品酒的过程中得到完美的享受。

3. 南航快乐高尔夫特色服务

2007年5月，南方航空在全国推出"南航行——快乐高尔夫"产品，为热爱高尔夫运动的人士提供机票、酒店和球场等一整套的订购服务，让旅客体验到集健身、休闲、社交、游览、竞技、娱乐、养性于一体的高尔夫之旅。凡乘坐南航航班的旅客，都可以选择"南航行——快乐高尔夫"产品。该产品以中国18个重要旅游城市作为产品目的地，包括广州、深圳、南宁、三亚、海口、丽江、昆明、南昌、黄山、厦门、桂林、大连、杭州、上海、重庆、西安、成都、长沙等地的30个顶级球场。旅客可以自由选择乘坐南航头等舱、公务舱或经济舱出行。除了可享受尊贵优质的空中服务外，旅客携带的球具也将享受到特大行李专柜"先装后卸"的尊贵礼遇。南航工作人员精心保管球具，并确保旅客下机第一时间即能提取行李，享受便捷的行李托运服务。下机后，"快乐高尔夫"产品还为旅客准备好精选的五星级酒店以及配套接送等，为旅客的高尔夫之旅提供舒适无忧的服务。

2008年新年伊始，为树立南航在中国民航业内高端品牌和行业领导者的形象，南航对该产品进行了完善和更新，在原有基础上，增加提供全国精选的高尔夫球场挥杆体验和优惠价格的多种高尔夫套餐产品。凡乘坐南航F舱、C舱的旅客，凭本人身份证及当次航班登机牌于到达之日起一个月内可享受赠送的免费套餐一种（体验100粒球的挥杆体验或一个小时的练习场挥杆体验）；凡购买南航航班的旅客（舱位不限），凭当次航班登机牌于到达之日起可自由选购9种优惠的高尔夫套餐产品。旅客可凭南航航班机票和登机牌于到达之日起到服务商提供的球场处购买套餐，享受套餐中的服务。旅客还可事先通过订购、查询、确认电话咨询球场信息。选中产品后，产品的领取手续只需旅客拨打服务电话确认，服务商将详细记录旅客配送信息或累计要求，之后将套餐中的卡、球杆、球帽等赠品根据旅客提供的地址在48小时内安全送达；旅客再根据自己的喜好和方便的地理位置选择适当的练习场来使用该套餐。

4. 南航无人陪伴儿童精细化服务

作为国内最早推出无人陪护儿童接送服务的航空公司，南航会安排专人帮助无人陪伴儿童办理值机手续、托运行李，带领过安检、引领至休息区。航班起飞前，工作人员将儿童送入客舱，并与乘务员妥善交接。飞机落地后，南航工作人员会提前在廊桥口等候，并亲自将儿童交给其家人，为这些特殊旅客提供特殊关怀和格外照顾。在开学前夕，南航迎来无人陪伴儿童回程高峰期，为确保小朋友安全顺利乘机，南航推出多项举措，受到广大家长的好评。主要举措有：(1)开展"手牵手"乘机活动。针对无陪小朋友激增的情况，完善了现有的工作流程，五人以上小朋友必须由两名服务员带领，在整个服务过程中，与小朋友手牵手，确保小朋友安全、快乐乘机。(2)为小朋友提供专用车辆。针对旺季远机位比较多的情况，每个航班给小朋友提供专用车辆，为他们提供一个安全舒适的乘机环境。(3)提供亲情电话服务。针对航班延误的情况，为旅客提供亲情电话，实时告知航班延误时间和预计到达时间。

5. 南航服务品牌建设前瞻

2010年，南航启动"2010年品牌服务推广年"活动，全面贯彻"两舱个性化，经济舱标准化"的"两一"服务理念；2016年南航召开"南航e行"启动大会，通过整合资源实现"一机在手，全程无忧"的便捷服务；2020年6月南航正式启动大服务建设工作，致力于打造"亲和力+精细"的国际一流服务品牌，通过搭建"八大体系"，重点打造六张服务名片……所有这些持续性的服务品牌建设使得南航的品牌影响力稳居行业前列。

思考题：

（1）南航是如何克服空运服务的无形性的？

（2）航空公司为什么要开展品牌市场营销？品牌建设对航空公司有何重要意义？

（3）产品进入成熟期，存在哪些常见的营销策略？

（4）南航"空中酒窖"服务的推出，可以体现哪种营销策略？

（5）如何利用产品寿命周期理论来评价南航的"空中酒窖"服务？

（6）南航推出的三个特色服务，从供需两个角度分别谈谈需要满足什么条件才能达到预期目的？

案例 3-5-5：针对目标客户群的空运产品创新

为提高市场占有率，各大航空公司纷纷针对目标客户群体，推出创新性产品或服务。如针对女性群体的"粉色航线"，针对价格敏感性旅客提供"廉价"舱位，针对商务人士的全新商务舱，或者航线与文化结合、与旅游观光结合等来达到营销航空产品或服务的目的。

（1）粉色航线案例

针对女性群体的时尚需求，英国企业家亚当·查尔斯创立了世界上第一条"粉色航线"，于2007年6月首航，由英国利物浦飞往法国巴黎，机上150名乘客全部是女性。同时，聘请英国著名女歌手劳拉·克里奇利作为英航形象代言人，她的巨幅照片被喷涂在"粉色航线"首航的波音737-300型客机的机身上。女性乘客通过英航票务网站购买到"粉色航线"机票后，在候机厅内可以品尝粉红色香槟，并享受美甲服务；在豪华的空中之旅期间，可享用精美的食品，享受绝对女性化的特色服务；在各个目的地停留时，乘客将获得一些特需配套服务，满足疯狂购物的需求。粉色航线的成功促使英航在当年年底又开通了从英国飞往美国纽约和意大利米兰的"粉色航线"。

（2）菲航 EconoLight 舱位案例

针对长尾旅客需求，菲航推出 EconoLight 舱位，在菲律宾国内各航段及亚洲一些航线使用，其目标定位为"经济廉价"，即在飞机上单独划出一部分区域作为廉价舱位，其价格比普通经济舱位还要便宜80%~90%，能享受的服务也相对少一些。但是与其他廉价航空相比，EconoLight 舱位还是能享受到较多的服务，如舒适的机舱、宽敞的放腿空间、方便的航班时间以及在阿奎诺国际机场第二航站楼无间隙的转机服务。此外，每位 EconoLight 舱位乘客还能享受免费携带15千克行李的增值服务。

（3）无目的航班案例

疫情期间，澳洲航空率先推出低价"无目的航班"的新产品，机票在发售10分钟内告罄，新加坡航空、日本航空、文莱皇家航空也纷纷推出类似产品。该产品没有目的地，出发机场与目的机场是同一机场，机舱里有各种精心准备的节目，且航空旅途飞越名胜古迹，带给旅客不一样的观景视野，尽管本质上这只是一个空中体验或空中观光产品，但有助于航空器持续适航，确保飞行的正常营运,还可覆盖航空公司变动成本,提高边际收益。

(4) 斯航的商务舱

1980年上任的斯堪的纳维亚航空公司(简称斯航)总经理简·卡尔森要求所有员工思考三个问题:谁是我们的顾客?他们需要什么?我们必须做什么来赢得他们的喜爱?通过讨论,斯航决定将商务旅客作为自己的主要目标客户群体,但是面对来自竞争对手的价格竞争、专门商务航班的推出和免费饮食及各种娱乐方法的压力,斯航必须找到更有效的解决方法。为此,卡尔森从员工交上来的数百个解决方案中选择了159个,花了4000万美元付诸实施。短短4个月,斯航就成为全欧洲最准时的航空公司。

在1982年初斯航还率先推出了一种全新的、单独的商务舱位等级,不仅可以满足商务人士可灵活变更行程的需要,而且商务舱内去掉休闲娱乐设施,增加了适合商务人士办公或休息的空间,从而在同一架飞机上设置有不同舱位,同时满足商务旅客和休闲旅客的不同需求。该商务舱票价低于传统头等舱,但高于大多数经济舱,斯航还采取多种措施为商务旅客提供诸多方便。比如,在每个机场,斯航都设有专门满足商务舱乘客的专用休息室和专用行李检查处,休息室有免费提供饮料,甚至还可看电影,旅客登记和行李检查都非常快捷,如果旅客住在斯航合作的旅馆,旅客行李可直接送达机场和飞机上进行装载;在飞机商务舱内,有宽大的按摩椅,空间也较经济舱位更为宽敞,还设置了一些传统头等舱才有的装饰品,如玻璃器皿、瓷器、台布等,商务舱乘客还可享用到美味佳肴。在合作旅馆,准备有会议室、电话和电传设备的专门房间,并提供免费使用的打字机,使商务旅客可以完成自己的工作,甚至还可根据需要保留这些房间,而不受行程时间、时刻表变动及住宿时间的限制,所有这些都以经济实惠的价格提供。随后,众多竞争者纷纷开始效仿,在飞机上单独设置商务舱逐步成为众多航空公司的理性选择。

(5) 东航的空中文化体验案例

2007年3月,由东航联合陕西省旅游局、西安市旅游局举办的"东方空中文化体验之旅——陕西文化旅游周"活动,为期一周的时间,在东航所有国内外航班上,旅客可以通过"看到的、听到的、品尝到的、触摸到的、回味到的"亲身体验,领略陕西省悠久的历史文化,形色各异的风土人情和丰富多彩的旅游资源,同时体验东航丰富的空中服务内涵。该活动推出了一系列具有浓郁陕西地方特色的主题活动，如万米高空文物展、客舱响彻古韵秦腔、陕北民歌上飞机、凤翔泥塑展新艺、长安古乐迷醉外国旅客等。同时，活动期间旅客还能够欣赏到展示陕西风情的剪纸、刺绣，品尝到陕西特色美食，还有机会参与空中抽奖活动，有幸抽到特等奖的旅客会得到"唐代的鎏金铜铺首"仿制品。陕西文化旅游周之后，东航还将陆续与其他省市、相关部委和企业推出各类文化体验之旅活动，如"声势文化周""中华特色文化周""七一香港周""八一建军周"等特色周，以东航210余架飞机、500多条国际国内航线为平台，东航全球各营业场所、各分子公司、售票大厅，以及候机楼贵宾厅、头等舱休息室等为辅助场所，以服务地方、宣传地方、体验文化、感受特色为目的，循环展示中华民族多元素的区域文化及系列主题文化，为旅客提供更丰富的文化体验，让中华文化插上飞翔的翅膀。

思考题：

（1）航空市场的细分标准有哪些？其中粉色航线是依据什么标准进行的市场细分？

（2）斯航卡尔森提出的三个问题倡导的是什么理念？并结合商务旅客需求来回答这些问题。

（3）案例中的新产品，分别体现了各航空公司的何种营销战略定位？

（4）案例中东航的营销行为满足了旅客的哪种购买动机？

（5）谈谈航空公司开展文化营销的现行措施与方法。

案例3-5-6：川航成渝空中快巴与京沪空中快线

1995年之前，川航的成渝航线曾是一条"黄金航线"，一年的客流量最高达到25.2万人次，最多时一周飞行22个航班，平均每天都有六七百人乘机往返两地。然而随着1995年成渝高速公路的开通，成渝航线的优势荡然无存。一方面，航空运输全程时间约3个小时，相较于公路运输的4个小时，已无快捷方便的优势；另一方面，机票价格是大巴票价的4倍。在高速公路运输的冲击下，成渝航线的客流量不断锐减。1995年到1999年的客流量分别为9.7万人次、4万人次、2.5万人次、0.8万人次和0.4万人次，客流量不断下滑。为此，几经坎坷，川航1999年不得不全线停飞了这一航线。

2000年3月中旬开始，南方和山东航空公司分别开通了成都经重庆前往青岛、济南和汕头的航线，拟将成渝客源汇集运往山东、广东等地，意料之外的是，成渝之间的客流量却达到1.5万人次，2001年猛增至2.5万人次，到2002年仅上半年就高达3万人次。

那么，究竟成都到重庆会有多少人愿意乘坐飞机呢？有关机构当时设计了调查问卷，调查内容包括四项，一是旅客类型调查，是公务、商务、旅游还是探亲？二是付费方式，是单位付还是个人付？三是旅客乘坐1小时达的舒适客机愿意支付的最高票价是200元、400元还是600元？四是对目前高速公路是满意还是不满意？调查结果显示，有18.3%的旅客对高速公路不满意，他们是航空公司的潜在客源。有9.1%的旅客可以承受600元的票价，36%的旅客可以承受400元的票价。可见，支线航空前景广阔。如果按照成都到重庆每年100万人次的客流量算，18.3%的潜在客源即每年18.3万人乘坐飞机，相当于需要50座的支线飞机每天开辟10个航班，才能满足每天近1000人次的需求；即便按照9.1%来算，也需要50座的支线飞机每天开辟5个航班，而600元票价相当于每客公里1.92元，接近当时支线的最高票价；如果按照400元票价算，更是需要50座的支线飞机每天飞行20个架次。

为此，川航2002年重整旗鼓，决心收复"失地"。首先，川航定位三类目标市场：一类是追求快捷舒适、对时间敏感的商务及探亲旅客；一类是有紧急重大事情、需尽快在成渝之间往返的旅客；还有一类是首次乘坐飞机，花少许钱"过瘾"的旅客。其次，针对目标市场，为让旅客满意，川航采取了针对性的措施。一方面，打造"空中快巴"，每天12个航班，平均每两个小时一个航班，以高频率吸引旅客；另一方面，缩短全程运输时间，降低机票价格，充分发挥航空优势。川航在国内支线航空线上率先实行"通票制"和"一条龙服务"，将机票、登机票、机场建设费和机场到市区的大巴费用等全部归并为一张"通票"，旅客持机票可以享受专有值机柜台、专有安检通道和专用候机室；同时，实行单程机票240元一票通，降低了近一半费用；在后续航班有座位的情况下，机票可在当日免费签转。乘机手续办理截止时间也缩短到航班起飞前10分钟（普通航班是起飞前30分钟停止办理登机手续）；选用EMB145喷气式公务机，共50个座位，其速度和舒适度均可与波音737媲美，313公里的飞行需要45分钟，加上15分钟办理乘机手续，1小时可完成航程。最后，将机场、市区内用航班车与飞机衔接联运，指定专人实行空地无缝隙服务。这样，从重庆市区到成都市区，正常情况下是2小时，比乘大巴通过高速公路节省超过一半的时间。以上措施实施后，川航取得了显著成效。在2002年的"十一"黄金周，"空中穿梭快巴"每天12个航班，次次座无虚席，客座率超过80%，为其收复"失地"开了个好头。

2007年，随着"先锋号"动车组在成渝两地之间正式开行，"成渝空中穿梭快巴"的航班密度再度"缩水"，减少到每天仅2个航班、且航班时段也全部安排在夜间执飞，发班数量降到2002年9月恢复运营以来的"新低"。据数据统计显示，成渝两地双向客流量每天超过1万人次，即使按照目前成渝铁路每天4000人次，成渝大巴5000人次，两地短线航空市场仍应该有一定的客源需要覆盖。为此，川航试图通过价格优惠和服务提升等措施，夺回其在成渝运输市场上应有的份额。

通过调研，川航发现，在应对铁路持续提速的竞争压力方面，"京沪空中快线"有很多值得参考和借鉴的做法，有很大的启发性。据了解，2007年4月18日铁路第六次大提速后，京沪快速列车全程仅需10个小时，而且当时铁道部（现"交通运输部"）还预留了进一步提速的可能。面对来自高铁的竞争压力，尽管京沪航线的民航运力不断加大，每天往返两地的航班超过40多班，但受两地机场运营资源限制，航班班次增加受限；此外对旅客而言，机场离市区距离较远，登机前安检时间较长，航班延误率也居高不下；而且由于航空公司之间财务独立核算，一旦航班延误，不同航空公司间的航班不能相互转签，旅客不能感受到航空运输的便利，对此抱怨甚多。考虑到空运的这些不足之处，为实现航班快捷化，提高资源有效利用率，创建高品质的航线运营模式，由民航局牵头，华北和华东两大地区民航管理局，北京和上海两大机场，国航、东航、上航、南航、海航五家航空公司共同参与打造"京沪空中快线"。2007年8月6日，北京首都国际机场和上海虹桥机场之间的"京沪空中快线"开通，通过整合两地航空资源，实行公交化运营，提高航班密集度，缩短飞行时间，旅客无须提前购票，多方面简化乘机手续和安检过程，开辟专门区域提高服务速度。一方面，旅客享有专用的办票柜台、安检通道和登机口等服务设施，两地之间来回3小时内即可完成。另一方面，旅客享有单独的值机柜台、安检通道、候机区域、登机口和行李提取区域，办票和旅行时间大大缩短，被称为"空中大巴车"，尤其受到商务人士的青睐。通过以上举措，"京沪空中快线"在京沪运输的激烈竞争中占据了一席之地。

思考题：
（1）川航成渝快线和京沪空中快线分别属于哪一类航空市场？
（2）高铁提速的冲击下，航空公司受到哪些影响？应该如何应对？
（3）"成渝空中快巴"适合该市场目标消费者的需求吗？有何完善建议？
（4）"成渝空中快巴"的航班密度"缩水"对两地航空物流有何影响？有何改进措施？
（5）航空客户消费需求有哪些特征？"京沪空中快线"主要满足了消费者的哪些需求特征？哪些方面可供"成渝空中快巴"借鉴和参考？

三、销售渠道策略

案例 3-5-7：SA 航空公司的直销之路

SA 航空公司过去一直采取分销方式，与包括在线旅行社（Online Travel Agency，简称 OTA）、渠道代理、大客户及差旅管理公司（Travel Management Company，简称 TMC）等在内的渠道展开合作。出于战略考虑，2007 年开始 SA 航空公司计划发展线上直销业务。其目的是建立营销全渠道，一方面通过分销渠道与 B2B、B2G 企业和大客户合作形成稳定的客源与收入，另一方面通过精准直销 B2C 散客线上引流，形成自己的私域用户群体，从而整体上降低成本、提升自身差异化优势。

为做好线上直销业务，SA 航空公司经过调查，了解到有自建直销平台或与现有即时通信（Instant Messaging，简称 IM）平台合作两种较为合适的途径。自建直销平台需要 IT 研发官网、APP、小程序或触屏版等移动前端，需要设计用户界面（UI）和用户体验（UE/UX），做好配色、内容和文案，需要考虑提升系统运行速度、流畅性与稳定性，还需要构建几个爆款产品进行线上投放，举办零售方式的会员日、联合促销、营销日历投放等线上活动。而与 IM 平台合作，可以利用 IM 平台的客户群流量，迅速开展 B2C 业务和 B2B 业务，而用户也乐于通过 IM 或者手机获得实惠，只需发送一个信息就能获得可靠的最低折扣机票信息。然而，SA 航空公司内部却有两种不同意见，一种认为，自建直销平台有助于企业完全掌控直销渠道，而且可以自行尝试利用富有特色的社交媒体，依赖 SCRM（Social CRM，社会化客户关系管理）等工具平台，配合 CDP（Customer Data Platform，客户数据平台）实现社交媒体的营销创新，短期看上去投入较高且客户较少，但从长期来看是有利的。而另一种意见认为，自建直销平台前景不可预料，风险较高，依托现有 IM 平台，用户体验较好，且更快也更容易获得客户群体的支持。为此，SA 航空公司进一步调查发现，旅客线上常用的功能有：航班座位状态的实时查询、特价产品搜索、订座、在线支付、机上座位预订、自助值机、自助打印登机牌、常旅客查询里程信息和奖励兑换、目的地查询（天气、景点、酒店等）。而航空公司可以利用平台收集旅客的信息，对旅客类型进行细分，采取类似"分众广告"的做法，向不同旅客类型精准推送个性化产品。考虑到快速占有市场的需要，SA 航空公司最后选择与腾讯合作推出 QQ 订购机票业务。

随着 2011 年微信的推出，以及各项创新功能的陆续推出和完善。为获得更多旅客，SA 航空公司也积极开始尝试利用微信的各种功能，首先是利用微信朋友圈和群发消息功能，把相关信息推给消费者，并有意识地引导顾客前往 APP 或小程序中参与活动或者下单，完成线上预订操作。而赠送的优惠券可在用户自行选择的目的地使用，但是旅客在领取福利前，需要将活动再次分享给好友。为了增强客户对直销的黏性，SA 航空公司对私域旅客群体进行了分类：一是根据用户的行为习惯和兴趣偏好进行分类，对用户标签化，以便更准确地进行客户细分并挖掘出高价值潜在用户；二是对用户进行分层运营，将所有人群分成高价值用户、中价值用户和低价值用户，并针对性进行运营，以便提升用户价值；三是通过全渠道运营，更好地实现用户增长。

通过实践，SA 公司发现基于微信（小程序、公众号、企业微信等）及微信生态，或抖音、今日头条等社交媒体的应用，既可降低成本，又增加了与高价值客户接触的渠道，提升了信息投放效果，有助于实现品效合一的裂变营销。具体体现在三方面：一是有助于降低获客成本，通过旅客分享形成强关系背书，来影响弱关系，通过情感式营销，在大众平台进行吸粉、导粉、转化与裂变，最终促成关系成交；二是拉新及转化效果更好，通过一个或几个点的成功突破，再复制这种模式，由一个成功的点拷贝出另一个点，步步为营，裂变式扩展；三是实现营销创新，通过整合关系营销、数据库营销和会务营销等新型营销手法，扩大客户群体的同时增加客户黏性。在此基础上，SA 航空公司构建起全新的忠诚客户群体，通过挖掘高价值客户群及其行为特征，进行分层分级管理，实现航空公司到特定人群，再从特定人群到其社群目标消费者的三级裂变传递，最终构建起差异化的客户群及品牌化壁垒。同时，通过裂变营销，客户对 SA 的航空公司品牌会更为认同，SA 航空公司还利用责权利矩阵定义及区分运营的不同客户群体，将航空公司利益与特定客群利益进行了捆绑。

然而，随着销售渠道的日益扩展，SA 公司越来越认识到众多的 APP、网站、H5、小程序、抖音、公众号等私域，需要进行打通和接入，形成合力，构建起底层数据库，通过接入做全域的数据采集，将所有的用户资源可视化；通过微信，邮件、APP 应用等方式在私域里给用户做针对性触达。显然，SA 公司发现随着移动社交的快速创新发展，还有很多工作需要做，这也是不断维系和提升 SA 品牌价值的动力源泉。

思考题：
（1）航空公司的销售渠道主要有哪些？
（2）直销与分销有何区别？各自成本结构有何不同？
（3）何为裂变营销？有何特点？
（4）试就某一航空公司的 APP 营销进行评价。

四、促销组合策略

案例 3-5-8：深航的公共关系营销

深航一直以来通过积极履行企业社会责任，积极参与文化、教育、环境、医疗、卫生等公益事业来开展公共关系营销，如：无偿运送人体器官，捐资建设希望小学，关爱社会弱势群体，支持民族产业发展。2007 年 12 月，深航率先订购国产 ARJ 飞机 100 架，率先选用国产飞机座椅并一次性签订 3960 万元的购买合同。深航还响应并大力支持中西部发展，加大对江西、青海、宁夏等地区的运力投放、航线开辟和基地建设，切实支持国家建设。

2008年汶川地震发生当天，深航有两架波音747飞机分别在德国和法国装载货物，当深航急令飞机回国时，外方不同意，但深航态度十分坚决：祖国有了灾难，飞机必须回国救灾，由此造成的损失由深航一力承担，两架飞机随即马上卸货并返回。在抗震救灾中，深航做到了多个第一：第一个主动请战无条件、无偿运输救灾物资的航空公司；第一批运载国家救灾物资到达灾区的航空公司；第一个将客机改为货机的航空公司；第一个将客机改为救护机的航空公司；第一个将企业自购救灾物资运往灾区的航空公司；第一批转运灾区儿童到其他省市的航空公司。深航先后出动波音747-400全货机、空中客车A320、波音737客机运送国内外救灾物资4000多吨，运送救灾医疗人员1350人次，运送伤员、陪护人员、灾区儿童1900多人。为确保救灾人员和救灾物资的运输，深航先后调减、调整航班5000多个，直接和间接投入3个多亿，成为反应最快、行动最早、运量最大、投入最多的航空公司。

作为一家民营企业，在其他企业裁员减薪的情况下，深航能做到不裁员、不减薪，在大灾大难面前义无反顾、彰显大爱，受到消费者的积极肯定。2008年，在全球民航业经营严重不景气的形势下，深航仍然能够实现持续、快速发展，从发展上来看，一年引进飞机26架，新开航线50余条，成功首航台湾，新增基地分公司六家；从经营上来看，在国内航空公司普遍亏损的情况下，2008年深航盈利2600多万元，全年累计完成总收入130.68亿元、运输总周转量25.32亿吨公里、旅客运输量1207万人次、货邮运输量27.97万吨，以上四项经营指标较2007年同期相比分别增加26.4%、21.5%、24.1%和10.3%，四项指标增速分别是行业平均水平的4.39倍、8.29倍、8.31倍和6.41倍。

思考题：
（1）什么是公共关系营销？
（2）案例中深航的营销行为有何参考价值？
（3）这一营销行为有何市场意义？其社会意义又是什么？

案例 3-5-9：阿联酋航空航线开航营销

自 2007 年底至 2008 年中，国际原油价格从 90 多美元/桶飙升至 140 多美元/桶，同时，来自阿联酋的阿提哈德航空公司于 2008 年 3 月底率先开通了北京航线，媒体投放量达到 1200 万元人民币以上。尽管面临着成本与竞争的双重压力，阿联酋航空依然看好中阿航线的前景，毅然决定于 2008 年 7 月 1 日开通广州至迪拜的航线，为促进开航后的销售，阿联酋航空决定面向华南地区，尤其是经济发达的珠三角地区进行宣传，以便告知潜在的消费者新航线开通的信息，同时宣传阿联酋航空便捷与优质服务的良好形象。为此，制订了周密的传播解决方案。

媒体策略上分三个阶段投放（开航前、开航日、开航后），不同阶段运用不同的策略，各具特色，灵活搭配，同时互相结合，以增强传播效果。媒体运用上使用大众媒体与针对性媒体互相配合。大众媒体投放上注意选择极具吸引力的形式，以吸引大众关注，提升品牌知名度与关注度；针对性媒体投放上要求有效到达阿联酋航空的潜在消费人群，直接促进销售。由于媒体策略恰当，营销节奏紧凑，传播效果显著。不仅在华南地区的广大目标消费群和媒体行业中引起广泛关注，而且该航线自开通起的订票率就一路攀升。其中，开航当日在《广州日报》上采用的极具创意的竖版信笺广告形式，极大地吸引了读者的眼球，是本次媒介投放的点睛之笔。2008 年 9 月 12 日，"阿联酋航空（广州至迪拜）航线开航"媒介案例在"2008 年度广州日报杯华文报纸优秀广告奖"的系列评选活动中，荣获"最佳营销案例奖"殊荣。

思考题：

（1）阿联酋航空开航营销成功的秘诀是什么？

（2）该案例对航空公司新航线的开航营销有何借鉴意义？

案例 3-5-10：航空物流疫情援救

2020 年 11 月 22 日，杭州 HB 航空物流公司承运昆明政府采购的呼吸机，从上海发往昆明，共 35 台。呼吸机尺寸超规格为 152cm×94cm×94cm，并带有违禁品锂电池的标记,其他的货运公司均回绝客户,表示无法处理。这是因为锂电池具备"着火三要素",即"可燃物、助燃物和着火点",在内外部短路或高温环境时,可不借助外部条件自行剧烈燃烧,且难以扑灭,燃烧产生的烟气含有毒气体,消防难度大。HB 物流秉着客户至上、时效第一的原则,尽全力让每一票货物及时到达,急客户所急。11 月 17 日开始接手此单,每天和客户积极沟通货物细节,落实好每项工作,给客户提前下单预订舱位。于 11 月 22 日下午顺利安排车辆从虹桥接到此货。接到货物后,公司专业的运营团队积极与货站和航空公司交涉。

考虑到危险品收运需要按照国际危险品航空运输规则,需要具备扎实专业的操作技能,严格规范的查收流程,严格无差错的危险品仓库监管制度,以及有序精细的管理模式。货站前端检验收货组首先安排身穿橙色反光背心的特货队对交付的每一台呼吸机及其单证、包装状态进行专业安全检查。检查合格后,立即组织现场人员将所有其他散货按类别拼装并放在多个托盘上,进行集中检查,以加快检查速度。货物安全入库后,由特货仓库管理组实行"两人核对""两人双锁"等安全管理措施。如果遇到紧急情况,特货组会在最短的时间内检索、汇总、判断货物的所有信息,并将具体情况及时向上级及相关部门报告,再咨询专业的应急处理单位,准确找到不同类型危险品的应急处理方法,快速给出处理建议。

为提高安全管理,仓库配备了国内外先进的自动化消防系统、安全入侵防御系统和放射性剂量监测系统,从消防、安全、技术防御三个维度对仓库进行实时监控。人防方面,仓库配备人员和具有危险品资质的仓库管理人员 24 小时不间断值守,并单独设置安全岗。同时,为确保仓库内的消防安全,还有两名具有消防资质、熟悉各种火灾应急处理方法的消防安全监察员。他们将 24 小时检查和监控仓库内的消防安全和消防设备。在进出仓管理方面,仓管人员会认真对待每一张进出仓的票据,全程对货物进行检查和监督。在安全检查方面,仓库管理人员每天至少对仓库内的货物进行两次全面检查,每四小时检查一次仓库内货物的存放状态。

在货站全方位安全管理机制下,克服了锂电池以及超尺寸这两大难题,即便航空公司当天临时取消大机型,HB 物流依然在 22 日一天时间内将这 35 台违禁呼吸机全部分批分航班发出,先后到达昆明、成都以及重庆的机场。然后,成都和重庆的两批货物又第一时间安排专车送到客户手里。最终在23日早上顺利将其中的20台呼吸机首先交付给客户,24日中午又将剩余15台呼吸机交给客户。不到两天的时间里顺利完成35台呼吸机的交付,客户非常满意,没有耽误后续客户包机支援缅甸的任务。

思考题:
(1)说说现代企业应有的社会责任感。
(2)结合锂电池谈谈空运违禁品都有哪些?货运中要注意什么?
(3)说说都有哪些特种货物?对于其中的危险品应该如何管理?
(4)疫情期间航空货运受到哪些不利影响?有哪些措施可以增加航空货运运力?

五、民航运价和定价策略

案例3-5-11:航空公司定价策略

航空公司高经营杠杆下的低边际成本,以及航空产品的易逝性决定了价格促销是航空公司开展营销竞争的主要手段之一。尽管空运定价会围绕价值波动,但本质上跟供求有直接关系。航空产品定价的目标是尽可能把有限的座位/舱位卖出最多的收益。

1989年4月,美国大陆航空公司提出从5月27日将往返旅客的票价提高20~80美元。TWA、联航和西北在内的各家航空公司同意跟随大陆公司调价,但是美利坚航空、三角航空和美国空路等航空公司拒绝调价,认为夏季市场航空旅行的需求较弱。随后,更多的航空公司纷纷表态拒绝跟随调价,这使得大陆航空公司单方面地调高票价显得不合时宜。然而到当年9月18日,美利坚航空宣布从9月29日起开始提高票价,其中,提前14天订票,价格调高10~20美元;提前7天订票,价格调高30~80美元;提前2天订票,价格调高60~80美元。9月20日和21日,TWA航空公司、三角航空公司、泛美航空和大陆航空也对照美利坚航空的新票价,制定了相同的调价比例。在随后的几天内,联航、西北航空和美国空路公司(前美国航空)也都相应调高了票价。

我国航空市场也是如此，根据市场情况和价格领导者的行为而做出相应的决策。在暑假开始时假期旅游市场随之涨价，暑期即将结束时迅速降温，三折、五折机票和酒店随处可见，一些旅游网站也"疯狂大甩卖"，推出一些闻所未闻的促销手段，如"订酒店赠手机话费"等活动。某年假期旅游旺季，在山航推出多条热销航线机票半价"秒杀"后，国航推出最低2.5折的优惠机票，随后南航更是抛出一至二折的超低"秒杀"价，价格比廉价航空还便宜，引起了市场的高度关注。南航根据航线不同，分为90元、190元、290元三档，涵盖广州—桂林、广州—成都、郑州—广州、大连—北京、哈尔滨—北京、北京—桂林等32条航线，不仅有热门旅游城市，也不乏大中商务城市，实行消费者先购先得的促销策略。

航空客运市场是这样，航空货运市场同样如此。一般来说，即便在同一航班，相隔不远的两个座位的价格可能差异巨大，对于航空货运来说同样如此。同一航班不同代理人的货物价格也不同，即便是同一代理人同一航班，运输不同的产品收费也有所不同。国内多家航空公司引入了PROS系统，通过分析运量来预测需求，并采取必要的超售来避免NO-SHOW（未按约定出现）等现象。国外航空公司则更倾向于通过改变供给而不是改变价格来影响客户购买，特定航线每个座位/舱位的价格是相对固定的，但是航空公司会在各个时段动态决定是否放出某个价格的座位/舱位，放多少，这个决策是由数据驱动的，首先根据过往数据来预测需求，比如每个舱位需求的概率分布，未按约定出现（NO-SHOW）、取消预订（CANCEL），以及舱位买涨（buy-up）效应影响的人数/运量，即关闭低价舱位，会有多少比例的消费者/货物转而购买更高价位的舱位，其次建立模型和算法求解，最后由模型给出座位/舱位供给决策，当然必要时也可以通过人工进行干预。

思考题：
（1）航空公司的产品有什么特点？其定价受哪些因素影响？
（2）价格领导者需要具备什么条件？
（3）为什么美国1989年两次调价的结果不一样？原因是什么？
（4）说说航空公司定价与时效和产品是什么关系？

案例 3-5-12：我国的机票价格政策

长期以来民航业一直实施价格管制政策，航空公司无法自主定价以有效吸引客源。但是随着航空市场管制放松和自由化改革的进展，逐步放开定价自主权已是大势所趋。

国外在机票价格的政策制定上，一般经历了政府管制定价、实行幅度管理、航空公司自主定价三个阶段。

在1997年以前，我国民航实行统一"公布价"，1997年开始运价改革，与国际惯例接轨，推行"一种票价，多种折扣"的票价体系。1998年，受航空公司的"价格大战"拖累，民航全行业亏损。1999年1月，民航局出台了机票"打折禁令"。2000年4月1日，国内25家航空公司、108条航线实行联营。根据联营方案，每条线上的联营公司通过结算中心分配收入，108条航线的总收入，将按照参加联营的航空公司的航班、投入客座位数的比例进行结算分配。2004年4月20日，国务院批准正式实行《民航国内航空运输价格改革方案》，票价实行幅度管理，采用多级票价体系制定各种销售价格。航空公司可以在规定幅度内，根据运输淡旺季、购票时限、人数、特定消费群体、航班时刻、机型等因素实行差别定价，自主制定具体的票价种类、水平及适用条件，运用价格手段，开展灵活的市场营销活动。幅度为上浮不超过基准价25%，下浮不超过基准价45%，而对占国内航线总数约60%的三类特殊航线则实行更加灵活的价格政策。2009年4月20日，国内各大航空公司实行新的运价体系，同一级别的机票价格会出现上涨，以前折扣越低的票价上涨比例会越大。同时，在机票查询系统中将不再显示折扣率，只显示价格。显然，我国目前正处在从第二阶段向第三阶段推进的阶段。

思考题：

（1）航空公司自主定价方式有什么优劣？

（2）为什么我国还没有完全放开票价，实行航空公司自主定价？

（3）航空货运的定价方式是怎么样的？国内外的定价方式有何异同？

航空物流案例分析

第六节 航空物流价格、成本与收益分析

案例 3-6-1：LH 公司的托运运费与损失赔偿

LH 公司是由王总创立的一家海运代理公司，目前，王总打算把业务扩展到空运代理，但是因为空运代理与海运代理差异较大，如何开展对员工的培训使王总头疼不已。为此，王总成立了空运部，并招聘了一名专业报关员小周，小周到公司后为公司拉来不少客户，其中一单从广州发往日本东京的 60 台美的空调，由于客户要货时间紧，小周找来 DHL 业务员，将 60 台空调外机分为每 6 台一箱，加上配件单独一箱共 11 箱，箱子尺寸为 113cm×95cm×132cm，当天完成装箱，王总看到桌上的一摞交付凭证客户联，每一箱为一票货，运费达 5600 元/票，这样仅外机运费就要 6 万多元，王总觉得空运成本过高了，考虑让小周设法降低运输成本。

经过一段时期的磨合后，空运部的人员基本配备齐全了，由小周担任空运主管，另外还有三名业务员和一名单证员，每天业务量达到 10 多票，然而计算空运运费耗费了小周和同事大量的时间，而且特种货物的运输尤其麻烦。某天接到一单业务，某货主托运下列物品自上海（SHA）至美国西雅图（SEA），货物品名及有关资料如下：

（1）一件 38.5 千克的景德镇瓷器，运输声明价值 32 万元人民币；已知瓷器的运价资料如下：

M：420.00；N：51.69；Q45：38.71

其中汇率为：1 USD=7 CNY

（2）一件纺织品，可使用 SCR[①]2211 代号；

（3）一面大型文艺演出用的鼓，直径为 180cm，高 150cm；

（4）两箱儿童读物；

（5）一只毛重 30 千克的活狗，体积为 65cm×65cm×55cm，已知运费预

---

① SCR：即"指定商品运价"，英文全称为"Specific Commodity Rates"，简称 SCR。

付，运价资料如下：M: 320.00；N: 61.65；Q45: 50.22

思考题：
（1）空运代理与海运代理在业务上有何异同？对员工的要求又有何不同？
（2）你建议空调应该如何空运，才能在满足要求的同时降低成本呢？
（3）货主从上海托运至西雅图的货物，至少需要几张货运单？哪些货物的计费运价低于 GCR？
（4）瓷器、狗的航空运费是多少？
（5）动物容器外应贴挂哪些标志？鼓的体积重量为多少千克？
（6）如果由于承运人原因，导致景德镇瓷器丢失，则承运人的赔偿限额为多少？

案例 3-6-2：飞机维护部门的管理体制

飞机维护部门的主要职责是对机场着陆的飞机进行检查，看其是否可以正常执行下一个航班，如有问题，则立即维修以保证飞机正常飞行。20 世纪 90 年代以前，航空市场竞争并不激烈，乘客对飞机正点率要求不高，飞机维修人员的人工成本也不高。航空公司对各维护部的管理是相对集权的，总部维护管理部门拥有很大的预算制定、零配件采购、人员配置等权力，而各维护部则在维护作业管理等方面拥有较大的权力。总体上，各维护部能较好地完成任务，并将运行成本控制在可接受的范围内。但是，20 世纪 90 年代以来，随着新的地方性航空公司加入竞争，原有航空公司大量增加运力，竞争日趋激烈，而维护部门的工作效率改进有限，甚至有所下降，零配件采购成本、人员成本等却大幅上升，对公司的竞争力产生严重负面影响。

为此，改革维护部门的管理体制成为必要。AC 航空公司提高了直接面对乘客的空勤人员的工资、资金。同时公司对各维护部保证飞机正点、高效率运行也提出了更高的要求，赋予各维护部在预算制定、人员配置、零配件采购、作业管理等方面更大的权力，使他们能够对新出现的问题做出快速有效的反应，但并没有改变包括维护部门在内的地勤人员的考评与激励方式。

AC 公司总部设立了一个跨部门的工作小组来研究飞机维护部门存在的问

题,并提出解决方案。该工作小组经过调查后认为,飞机维护部门是一个成本中心,部门考评和奖励应体现成本控制因素,而先前没有这样做,这是导致维护部门成本上升的最主要原因。基于这种认识,工作小组提出如下改革思路:在各维护部保证正常维护任务完成的前提下,公司要求维护部门把成本控制放在首要地位,各维护部经理及其下属的报酬与预算完成(成本控制)情况相挂钩。

  方案实施后,出现了许多意想不到的问题。其中一个典型事件如下:某日下午3点30分,AC航空公司的飞机在武汉机场着陆,4点30分,该飞机还要执飞南京机场。维护部工程师经一般检查后发现飞机有故障,但维护部现有工程师无法排除该故障,能够排除这一故障的合格工程师在另一机场。该维护部张经理有权下令这名工程师马上到这一机场,但该工程师完成任务后当晚不能返回,晚上在武汉机场的住宿费和餐饮费(约500元)要从该维护部的预算中开支。但是,如果飞机当天晚上不能执飞下一个航班,公司为此要多支付近3万元的直接费用(包括乘客的食宿费用和机场的停机费等),以及公司声誉方面的间接损失,不过这方面的费用支出与维护部无关。经过郑重考虑,张经理采取了如下措施:4点30分左右请机场工作人员通知乘客,飞机存在机械故障,请搭乘该航班前往南京的乘客耐心等待,等候通知。等到机场当日飞往南京的最后一班飞机的登机口关闭以后,维护部经理又请机场工作人员通知乘客;飞机故障暂时无法排除,请乘客到候机楼外乘车,到市内某宾馆休息,何时起飞,等候通知;对于给乘客造成的不便,请乘客谅解。第二天一大早,合格的工程师被调来,立即维修飞机,任务完成后当天返回,从而避免了500元左右的费用,但公司却由此增加了近3万元的直接费用和极大的间接损失。

思考题:
  (1)维护部门的成本控制出现问题的根本原因是什么?
  (2)工作小组将维护部门视为一个成本控制中心是否合适?为什么?
  (3)如何完善维护部门的责任制度,以避免出现类似问题?

案例 3-6-3：航空物流作业成本管理

HZ 物流有限公司是一家地处郑州的国有航空物流企业。公司以贸易带动物流，规划建设航空物流综合园区，打造卡车转运中心、快递监管中心、进出口贸易示范区、物流加工保税区、航空信息平台，成为核心竞争力突出、持续盈利能力强的多枢纽式航空物流企业。2021 年 3 月，其下属的郑州航空港区营业部分别与南昌某家具城签订了 A、B 两份物流服务合同，A 合同要求将 4000 套家具从郑州市送往南昌市，合同约定先将货物暂时运入郑州航空港区营业部下属的仓库，每六天派送 1000 套货物到目的地；B 合同要求先将总计 4000 套家具分三次运入郑州航空港区的仓库，然后每三天发 500 套货物至南昌市的家具城。

已知，郑州航空港区营业部设有运输、配送、仓储、装卸、行政等部门，作业活动大致如下：首先对合同订单进行处理，设计出相应的方案；进行运输货物，到货后验收入库，盘点之后进行配送，收到回执单后进行结算。各作业库成本按资源动因分摊后依次为：运输部 28 000 元、配送部 81 000 元、仓储部 40 000 元、装卸部 15 000 元、行政部 6200 元。

思考题：

（1）什么是作业成本法（即 ABC 法）？有何特点？

（2）试采用作业成本法分别测算该营业部 A、B 两份合同的物流总成本。

（3）结合测算出来的合同物流总成本，谈谈该营业部应该如何降低物流总成本。

案例 3-6-4：CO 航空公司的收益管理

CO 航空公司是一家拥有 80 多年历史的老牌航空公司，见证了 20 世纪 50 年代喷气式飞机的使用，也经历了 20 世纪 70 年代美国航空管制的放松。在收益管理方面，从早期的手工订座，到 20 世纪 60 年代的电脑订座，再到 1975 年折扣票的出现，各大航空公司纷纷修改其运价结构，推出了过夜票、周末票、7-21 天预定折扣票，鼓励包机，还实行不同的运价策略，以便刺激旅客需求，提高航班客座率。CO航空公司也不甘落后，效仿其他航空公司积极推行类似运价策略。

1978年10月，美国签署了《民航业放松管制条例》(Airline Deregulation Act)，废除了对航线和票价的所有管制。航空运输业出现了三大变化，一是市场准入放宽，大量新的航空公司涌入加剧了市场竞争，行业结构发生改变，尤其是1979年成立的美国西南航空公司为代表的低成本航空公司的出现，极大地改变了航空运输业的结构；二是航线结构改变，由原来的城市间点对点的直达结构转变为中枢轮辐式网络结构，影响了旅客旅行路线的选择与航空公司的管理模式；三是票价普遍降低，低票价一方面导致航空运输的总量增长，另一方面也导致运输份额在航空公司之间重新洗牌、重新分配。CO公司敏感地意识到不能再按以前的做法想方设法节约成本来实现好的效益了，而是应该千方百计地吸引乘客、留住乘客。

1992年，最大航空公司AA带头挑起了"1992航空血战"(Airlines Bloodbath of 1992)，启动了新一轮价格战，其他航空公司被迫跟着降价，参战各航空公司共卖出4.7亿张折扣票，共损失20亿美元，纷纷弹尽粮绝。此时，CO航空公司审时度势，利用其1991年安装的一套客运收益优化系统(Passenger Revenue Optimization System)，成为"血战"后唯一有票卖的航空公司，从而大赚特赚。这次事件也拉开了航空收益管理的序幕。

随后，CO航空公司计划将收益管理扩展到其货运业务，考虑到货运业务主要来自一些大的货运代理商，而与货运代理商的合同往往需要签订1年或以上的期限，且会根据货运代理商完成的运量给予一定的折扣。但是大部分托运业务都具有明显的季节性，节日前一个半月的货运量会占到全年的30%以上，而这些旺季的运输业务，货运代理商会要求顾客支付额外的旺季运费或是加急费用，但是与CO航空公司执行的仍是合同中的折扣运价。然而，旺季时航空公司普遍服务能力会出现不足，一般只能在短期内投入资金租赁飞机和采取其他陆地运输工具来增加运力，同时花费很大的代价去雇用临时人员、租借设备和工具来应对货运高峰，缓解运输压力。考虑到这些因素，CO航空公司决定将旺季的额外成本传递给货运代理商，同时抓住增加收益的机会。为此，CO航空公司将货运业务的经营理念定位从成本驱动型调整为收益驱动型，充分考虑市场收益潜力，在运输高峰期提高运输价格，这样不仅可以将一些对价格敏感的托运业务排除在旺季运输范围外,而且可以增加收益。当然,要实现这些,CO 航空公司还有很多路要走。

思考题:

(1) 什么是收益管理?与传统管理方法有何区别?

(2) 收益管理实施的条件是什么?并举例说说哪些行业适合采用收益管理。

(3) 试举例说说收益管理的关键技术都有哪些?并就其中一种技术进行详细介绍。

(4) 货运业务实施收益管理与客运收益管理有何不同?需注意些什么?

第七节 航空物流信息化建设案例

案例 3-7-1:外运发展打造跨境电商综合物流平台

外运发展成立于 1999 年 10 月,是中外运长航集团旗下的物流上市公司,以国际航空货代、国内货运与物流、快件 3 大业务为主业,公司还与 DHL 合资成立了中外运敦豪国际航空快件有限公司(持股 50%)。作为国内航空货代行业毋庸置疑的领先者,通关能力是其在跨境物流市场做大做强的核心竞争力,在集团公司整体并入招商局集团旗下后,2015 年底,外运发展已具备成为领先的综合跨境物流服务商的实力。主要体现在:(1) 在国内拥有 4 大区域,近百家分、子公司和 300 多个物流网点,运营网络辐射全国;(2) 国际上通过与 DHL 等国际物流巨头结成战略伙伴,国际服务范围已涵盖全球 200 多个国家和地区;(3) 与国航、东航、南航等航空公司及多家机场建立战略联盟,逐步发展成"天地合一"的整合物流供应商;(4) 旗下中外运敦豪是中国航空货运市场的领导者,在中国提供的国际快递服务覆盖 401 个城市,国内服务覆盖 128 个城市,提供服务的营业地点近 200 个,为供应商客户提供 50 万平方米的仓储用地。

2020年以来，受新冠疫情影响，国际航班锐减、部分地区限航令、舱位紧缺，同时线上购物需求井喷，医疗和疫苗运输需求迫切，导致航空运费大涨，舱位供不应求，这使得客改货变得经济可行。据测算，以飞美国航线的B747-400SP客机为例，满客400人，平均票价单程2250元人民币算，单程飞往美国赚90万元；但如果改为货机B747-200F，满载按95吨算，每千克货平均按20元收取，则飞往美国至少能赚190万元。然而，即便实行客改货，由于改装安全性问题，改装后客舱货物难以有效固定，且承载量有限，以及防疫物资对运输环境要求苛刻、占用舱位资源等因素，导致跨境电商运力大幅下降，货物积压严重。据悉，疫苗运输不适合采用属于危险品的干冰来运输，只能考虑用温控集装器来运输，而制药行业运输掌握在少数冷链运输巨头手中，这就使得航空运费成本一天一个价，完全不能按惯例提前七天告知卖家价格变动情况。而从卖家角度来看，由于价格变动频繁，还要考虑成本、竞争、库存等问题，往往无法跟随运费价格，及时调整产品卖价，甚至陷入"卖了亏损，不卖又积压"的两难窘境。

为此，外运发展也在积极响应市场需求变化，对跨境电商的产品采购类别等进行调整，利用自身强大的供应链及销售端的先发优势，以及自身具备的运力，迅速调整及优化产品线路布局，力求变危机为契机，适应变化的环境和时代。

思考题：
（1）简述跨境电商当前的运作模式。
（2）试对外运发展在航空货运跨境电商的发展进行SWOT分析。
（3）运费上升对跨境物流出口方有何影响？应该如何规避风险？
（4）后疫情时代，跨境物流发展有何特点与趋势？

案例3-7-2：BY公司的新计算机系统

BY公司是全球最大的航空部件提供商，负责约7万种机架类部件的采购、库存和运输任务，业务遍布全球。为降低物流成本，BY计划在全球范围内推广"全球飞机库存网"（Global Airline Inventory Network）计划，以便更好地服务各大航空公司。BY公司首先改进了部件采购、预测等多项业务流程,比如将部件放置到航空公司所在地或附近,便于航空公司就近取用,只有部件被取用后才与航空公司进行结算;BY公司的供应链管理系统还可监控全球各地的库存量、消耗量与补货量,并进行预测;其信息管理系统能有效集成航空公司的部件需求、飞机维修信息,指导部件的存储与补给,并制定公司自身的生产计划。

该计划的实施需要在BY安装新的计算机系统,目的是使部门工作任务自动化,如更新库存报表、回答顾客询问以及定价等。BY公司的管理人员都知道,安装新计算机系统需要对雇员进行广泛的再培训,包括无纸化办公,而这几乎会对零部件部门所有的700名雇员产生影响。安装新系统后,雇员们需要花更多的时间在计算机终端上工作,为计算机终端的"顾客"提供服务,雇员们之间的人际关系也更多依赖计算机提供的信息。

培训计划的设计需要考虑下列问题:明确培训对象;确定培训目标;确立培训时间;落实实施机构;准备培训设施;选择合适的培训方法等。BY公司了解到,培训的目标是让每一个新系统的雇员都"以顾客为中心",培训内容不仅包括纯技术的培训,还必须开发雇员沟通和判断的技能,以便在他们需要从系统中得到目前数据输入员不能提供的特殊信息时,能够让有关人员了解他们的需求,并将可能遇到的问题导致的混乱或损失降到最低。目前,由于该部门人员情况不一,受教育程度参差不齐,有一半人在货栈工作,负责部件的装运、收货和仓储;另一半人则在30英里开外的办公室工作。如何确定培训的方式,是需要解决的第一个问题。BY公司了解到,员工培训分为岗前培训、在岗培训、离岗培训和业余自学四种类型,为不影响正常生产运营,显然以在岗培训为主,同时为加快培训进度,也鼓励员工业余学习,必要时参加离岗培训。

在选择好培训方式后,由谁来培训是培训负责人需要考虑的另一个重要问题,究竟是公司内部培训,还是聘请外部组织提供培训,这需要结合BY公司的实际培训目标决定。由于BY公司已经有一个完整的公司内部培训部,可以由内部培训部来实施培训,但是要在很短的时间内完成对700名雇员的培训,则需要一个具备咨询和培训实力的公司来提供相应保障。内部培训有助于针对公司内部和自身部门特点,但理论上和实践上都不够专业,不够系统,难以达到要求；而外部培训虽然在方式、理论、内容方面较完善，但会增加成本，且不一定能与公司实际有效结合，容易出现培训效果不佳的情形。此外，培训部还必须考虑要采用的培训方式，如研讨班、录像教学、讲座以及书籍等。在综合考量基础上，BY 公司打算内外部培训相结合，首先聘请一个总部设在旧金山的咨询公司来对公司培训团队开展培训，然后再由公司培训团队在全公司内部展开培训。所聘请的咨询公司在行业内享有盛誉，其培训方式主要是利用书面资料和录像资料组织研讨、参与式练习、范例以及讲座等。

思考题：

（1）结合案例说明"全球飞机库存网计划"属于连续补货方式中的哪种类型，并说明原因。

（2）结合案例说明"全球飞机库存网"应采用什么方式传递信息，并说明理由。

（3）BY 公司的雇员需要接受何种培训？请你具体设计该项面向全公司雇员的培训计划。

案例 3-7-3：SF 公司航空物流资源整合

SF 速运有限公司（简称 SF 公司）成立于 1993 年 3 月，是一家主要经营国内外速递及报关、报检业务的民营速递企业，总部设在深圳。拥有信息采集、市场开发、物流配送、快件收派等业务机构，为客户提供快速、准确、安全、经济、优质的专业物流服务。截至 2009 年，已经发展成为年业务量 3.1 亿票、基层营业网点 2500 多个，服务网络覆盖全国（含港澳台）、员工 7.2 万多人、自有营运车辆 4000 余台的大型综合性速递企业。每月有超过 1000 万客户选择 SF 寄递自己的快件，为更好地支撑网络拓展和地面服务，SF 确立了"FIRST"核心价值观，由包括诚信（faith）、正直（integrity）、责任（responsibility）、服务（service）和团队（team）的首字母组合而成。SF 公司制订并完善了适应企业发展的各项流程制度合计 554 项，其中营运类 117 篇、综合类 127 篇、人力资源类 107 篇、客户服务类 73 篇等。SF 公司采用公司、经营本部、区部三级架构，实施垂直一体化集中管控模式，实现了三级流程管理体系建设和流程管理信息化建设,将公司总部和地区、管理制度与业务流程有效整合起来,其运营与发展模式可概括为"自建网络、两级中转、收派提成、分区管理"。

为拓展空运业务,SF公司2003年就开始租用全夜航货机,共包租波音737和空客A300在内的10架货机,考虑到自身业务的增长,SF公司投资组建了自己的全货机航空公司——SF航空有限公司,2009年底购入并改装第一架波音757货机,成为我国第一家民用快递航空公司。SF航空先后投入11架全货机航班,航空货量占公司总业务量的40%左右,每年以40%的速度增长。

为配合业务拓展,SF公司在北京、上海、广州、东莞、中山等地,自购土地兴建了多处快件分拨中心。现在SF公司共拥有10个一级中转场,库内总面积超过10万平方米,另有93个二级中转场。目前SF拥有的一级中转场中均配备了半自动分拣系统,而二级中转场也全部实现了流水线分拣。

SF先后与国际知名企业合作,共同研发和建立了Asura快递业务综合管理系统、CRM客户关系管理系统等35个具备行业领先水平的信息系统。通过为4万余名收派人员配备手持终端、为4000余台车辆配备GPS系统等各环节的监控手段,能够对快件进行全程的即时信息监控。

随着SF业务量不断增加,服务网络覆盖面不断扩大,这给早期的分拨中心带来了很大的挑战。这些中转场分拣快件主要是以人工判断的方式进行的,他们各自负责一块目的地区域,分拣员工需要根据包裹运单上的客户地址或电话号码的区号把属于自己负责区域的快件从皮带机上拖下来,这需要眼明手快、手脑并用。目前的现实情况如下:(1)SF目前有一大部分分拣场是租赁的,在这些场地上进行大规模的固定资产投入是不值得且有风险的;(2)全自动分拣虽然先进和效率高,但是投资太大,运行维护费用也很高,推广存在技术与经济上的一些问题;(3)招聘和培训分拣线上的员工相对大规模投资、改进设备相对来说要容易得多;(4)原先的人工分拣方案存在着许多问题,效率低下。

因此,SF迫切需要寻找到切实可行的改进方案,实现中转场布局工艺流程科学化、分拣高效化、自动化,而且还要具有可操作性的性价比投入,合理满足业务中转时效与场地中转的需求。

思考题：

（1）与圆通航空、京东货航相比，SF航空有何优势与不足？

（2）试对SF公司发展空运业务进行SWOT分析。

（3）分拨中心效率对发展空运业务有何影响？

（4）请结合SF公司的现实情况，说说SF公司应该如何制定切实可行的改进方案？

案例3-7-4：无人机乡村物流配送

2017年和2019年，民航局批准FS科技有限公司分别在四川雅江县和江西赣州市南康区开展无人机物流配送业务。无人机物流配送在山区和高原地区的运营安全，可使农特产品与市场需求有效对接，对于当地脱贫攻坚的拉动具有重要的意义。在试点期间，运营企业在这两个试点地区先后开辟了259条航线，无人机运行14万架次，配送各类物资达520多吨，实现了对当地的农户直接增收300余万元，同时也解决了当地农户100多个就业岗位。

四川雅江县地貌险峻，各乡村居民多在峡谷里居住，经济来源主要靠采摘深山里的松茸。由于松茸保鲜期短，松茸采摘时间不能太长，而且运输也是个大问题。2019年7月，民航局与FS物流企业合作，在雅江县建起了无人机基地和松茸采摘营地，并直接从各乡村的村民手中收购松茸。目前，这家基地已投入百余架无人机来解决全县深山松茸"第一公里"运输难题。搭载新鲜松茸的无人机从深山营地飞往无人机基地，无人机抵达基地后，由冷运车接力运输，统一发往松茸预处理中心进行筛选和预处理后，然后集中打包发往全国。

从2017年至今，依托民航局的对口支援，赣州市南康区探索出一套无人机物流运输模式，全区北部五个乡镇每天都有60多架物流无人机穿梭在106条航线上，村村都设有物流无人机起降点，快递可以直接通过无人机送到村民手中，当地3万多户村民的农副产品也可以直接通过无人机运出山村。2018年，顺丰还成功在赣州市进行了医药制剂无人机配送的测试飞行。

凭借无人机高效便捷的服务，打通了乡村农特产品物流运输"第一公里"和"最后一公里"，更好地实现了服务乡村振兴的目的。民航局统计显示，2020年，我国无人机生产运营企业已超过了1万家。无人机的商用飞行达到了

159万小时，年均增长率在30%以上。据京东估算，农村送货成本5倍于城市，而采用无人机往返10公里，无人机变动成本不到1度电，而且比汽车配送还快，无人机送货给乡村农特产品赋能，能够帮助当地实现脱贫致富。为此，京东2016年5月开始布局智慧物流体系，计划用大数据、云技术、无人车、无人仓和无人机，构筑"天地一体"的智慧物流网络。

目前，在国内的消费航拍市场以及农业植保方面，无人机已经全面取代了人工作业。未来还将进一步拓宽无人机物流配送试点范围和品种。据悉，2021年我国快递业务量首次突破千亿级别，为此，深圳目前已在4个商圈开通了8条无人机外卖航线，配送量超过15 000单；美团则计划2022年在上海启用无人机送外卖，规划半径为2公里，顾客从下单到收到货品，时间控制在17分钟左右。可以预见，如咖啡、蛋糕、冰激凌、大闸蟹等时效要求高的商品，以及夜间药品配送等，对无人机外卖具有潜在的巨大需求。

思考题：
（1）说说无人机对解决乡村末端配送难题有何优势？
（2）我国发展无人机乡村物流配送的目的是什么？
（3）说说还有哪些现代科技应用于物流服务？
（4）无人机外卖发展的相关障碍有哪些？

第四章 非结构型航空物流案例与分析

学习要点

- 全球航空物流发展趋势；
- 中国大陆地区航空物流发展历程；
- 后疫情时代我国航空物流的发展；
- 东航物流混合所有制改革；
- 低成本航空发展战略规划；
- 航空物流领域智慧物流技术的应用；
- 航空假期产品营销；
- 空运冷链物流。

第一节 航空物流业的发展历程与现状

一、全球航空物流发展趋势

航空货运是现代物流的重要组成部分，也是国际贸易中贵重物品、鲜活货物和精密仪器等运输所不可或缺的方式，能够提供安全、快捷、方便和优质的服务。航空货运主要采用集中托运的形式，由出口地空运货代以委托人名义或者自己的名义，将货物送达目的地，然后由进口地空运货代转交给收货人。据统计，航空货运量虽然仅占全球贸易总量的 1%，但运输货物价值却高达 6 万亿美元，占全球贸易总价值的 35%。按 IATA 统计，航空货运连通性每提高 1%，将会带来贸易额近 6% 的增长。目前，航空运输自由化与联盟化正在成为全球航空业发展的两大特色。

（一）航空运输自由化

2003 年 ICAO 在《国际航空运输全球原则宣言》中制订了自由化进程的管理框架，包括保证公平竞争、安全并确保发展中国家有效并持续参与国际航空运输体系的措施。自此，航空运输开始更多依靠市场力量来调节，空运企业获得更多的经营权和灵活性。目前，双边自由化仍是各国扩展国际民航服务的最主要方式，双方通过签订"天空开放"协定，规定充分的市场准入，在指定企业、航线权、运力、班次、代号共享和运价等方面不受限制。区域及有限多边自由化则在有关成员国之间提供更多的市场准入并改进服务，已有十余个多边区域性自由化协定，涵盖了欧洲、中南美洲、非洲、中东、东南亚等地区。航空运输自由化一方面带来产业规模扩大、效率提高、服务改善等有利变化，另一方面也带来行业竞争加剧，产业稳定弱化，安全管理弱化，国际航线垄断加剧等不利影响。

（二）航空公司联盟化

为了降低运营成本，提高效率，航空公司之间建立联盟成为一种趋势。通过产业结构调整，行业整合，实现规模经济，推动航空公司的联盟化、大型化和集团化。以收入客公里（Revenue Passenger Kilometer，又称客运周转量，简称 RPK）计，2020 年三大航空联盟，包括星空联盟（Star Alliance，1997 年成立）、天合联盟（Sky Team，2000 年成立）和寰宇一家（One World，1999 年成立）分别占总航班量的 18.7%，16.3% 和 12.7%。客运市场的联盟化促进了货运市场的联盟，出现了两大货运联盟阵营，全球货运联盟（WOW Cargo Alliance，2000 年成立）和天合货运联盟。我国国航、长荣航空加入了星空联盟，国泰航空加入了寰宇一家，东方航空、南方航空、厦门航空与台湾中华航空加入了天合联盟，各大联盟通过代码共享、融资等手段，利用枢纽机场的支持，辐射全球网络。

随着跨境电商和快递物流业的持续快速增长，运输企业经营模式由货物运输为主向全产业链延伸，传统航空货运企业逐步向提供全流程服务的航空物流企业转变，新兴航空物流企业不断涌现，对航空货运设施的布局、运行环境和运行效率都提出了更高的要求，航空电子货运单、ONE Record 和 Cargo XML 成为推动行业数字化的三个主要项目，航空联盟也将不再是大型航空公司货运合作的单一模式。

二、中国大陆地区航空物流发展历程

（一）发展历程

我国大陆地区航空物流行业大致经历了四个发展阶段，第一阶段是 2002 年以前，1949 年 11 月 2 日成立中国民用航空局，当时仅有 12 架小型飞机，3 条国际航线和 9 条国内航线。1950 年中国民用航空年旅客运输量仅 1.04 万人，货邮运输量 0.1 万吨，货邮周转量 0.01 亿吨公里。1952 年 8 月 5 日创办了第一家国营民用航空运输企业——中国人民航空公司，次年与民航局合并。1987 年成立 6 家国家骨干航空公司，同时组建了民航 6 个地区管理局。1997 年中国航空货运开始使用全货机。1998 年中国货运航空有限公司（简称"中货航"）成立。第二阶段是以 2002 年六大航空集团重组为起点，航空公司推进"客货并举"战略，纷纷成立专业化的货运公司或货运部，实行物流环节"专业化分工"。2003 年中国国际货运航空有限公司（Air China Cargo Ltd.，简称"国货航"）组建。第三阶段是 2007 年开始的航空快递与航空货运竞争加速，实施"快运化融合"的战略发展阶段，其特征主要为航空货运管理精细化、关注服务时效性与低空资源整合的服务链延伸。2008 年"双十一"购物节诞生，也是顺丰航空的首航年。第四阶段是以 2012 年跨境电商开始发展为起点，以"垂直化整合"为特征，航空物流开始关注用户体验零售化、时效标准化与竞争性、便捷化与贸易便利化等关键成功要素，从关注商流与物流管理转向关注资金流与信息流，向"敏捷快速供给、供应链集成与专业化运作"的方向发展。

截至 2021 年底，我国大陆共有运输航空公司 65 家，其中全货运航空公司 12 家，中外合资航空公司 9 家，上市公司 8 家。这 12 家全货运航空公司分别是：国货航 CA（15 架）、中货航 CK（12 架）、中国邮政航空 CF（29 架）、顺丰航空 O3（70 架）、圆通货运航空 YG（9 架）、友和通道航空（破产）UW（6 架）、中航货航 ZY（1 架）、天津货航 GS（4 架）、中原龙浩航空 GI（11 架）、中州航空 I9（5 架）、南航货运 CZ（14 架）、西北国际货航 CO（3 架），另外京东货航成为我国第三家民营货运航空，也成功入局。此外，我国港澳台货机航空公司还有国泰航空 CX、香港航空 HX、华民航空 LD、中华航空 CI 和长荣航空 BR 等。按不同所有制类别划分，2021 年底我国大陆运输航空公司中，国有控股公司 39 家，民营和民营控股公司 26 家。全行业运输飞机期末在册架数 4054 架，比上年底增加 151 架，其中货运飞机 198 架，占比仅 4.88%，比上年增加 12 架。机型除空客和波音外，还有我国自主研发生产的新舟 600 货机。从货物载运量来看，全货机仅仅占货运量的 1/3，其中国际航线占 51%，国内航线仅占 18%；从盈利情况来看，2021 年仅中货航、国货航、顺丰航、圆通航空和邮政航空五家公司盈利，可见我国全货机发展仍处于初级阶段。从整体上看，我国货运航空在国家综合货运体系中所占比例很低，客货运发展极不协调，货运增长总体上低于客运。尽管疫情"抑客扬货"，但货运航空国际竞争力上还不够强，国际航线承运比例也呈下降趋势。与替代品竞争对手相比，国内铁路大面积提速、高速公路网不断延伸，海运迅速发展，抢占了很多航空货运的市场份额。

目前，我国货运航空可划分为四种类型的航空物流企业，一是东航物流、国航货运、南航货运等三大航空公司货运板块的混改相继落地，传统航空货运企业开始积极拓展干仓配一体化、供应链物流、跨境电商物流、产地直达等航空物流服务，加速向综合性、专业性、国际性方向转型发展。二是邮政、顺丰、圆通等快递物流企业主导的航空货运公司正以更快的速度发展，货邮运输量占比持续提高，货运机队规模快速增长到 100 架、全国占比达到 57.1%。三是阿里巴巴、京东等互联网电商企业依托庞大的自有货源优势，加速向航空物流市场渗透和延伸发展，阿里旗下的菜鸟网络通过包机、包板等方式深度参与国内国际航空物流业务。四是具有航空背景的货运航空公司，如海航携手中华航空成立的扬子江快运航空有限公司（Yangtze River Express，简称"扬子江快运"）。

（二）混改破局

1998年至2004年是航空物流供不应求的时代，但是自2004年至2013年间，供需转变，运力端除中货航、国货航和南航货运部外，国际四大快递巨头联邦快递、UPS、DHL、TNT等也相继进入中国市场，加之迅速增长的庞大客机群利用腹舱运货，导致货运航空运力供过于求，中国货运航空进入十年九亏的阶段。

2016年东航物流参与国家第一批混合所有制改革（简称"混改"）试点，开始业务重组，引入战略投资者，迎来迅速发展的契机。随后，2020年11月17日，国货航混改方案出炉，引入深圳国际、菜鸟网络、国改双百发展基金、国泰货运、朗星及国货航员工持股平台共出资48.52亿元向国货航增资，合计占股31%。同年12月22日，南航正式宣布旗下南方航空货运物流（广州）有限公司（简称"南航物流"，2018年成立）实施混改，引入普洛斯隐山资本、钟鼎资本、国改双百基金、君联逸格、中国外运、中金启辰和中金浦成等8家投资者，共增资33.55亿元，增资后南航持有南航物流55%的股权。至此，三大航旗下的航空物流公司的混改全面展开。混改将有助于公司市场化经营，促进航空物流资源整合及一体化运作，实现由传统航空承运人向现代物流服务商的转变，逐渐发展成为像联邦快递或DHL那样拥有业务网络、供应链以及货运机队和车队在内的超级综合物流商。同时，中国邮政航空还与顺丰、圆通、京东等民营物流企业快速布局航空物流领域，不仅持续扩充航空运力、航线，在航空物流枢纽等方面也投入了大量的资本。

（三）网络布局

随着国内快递行业逐步由价格竞争转向服务质量竞争，从国内市场的竞争转向国际市场的角逐，自有航空物流网络将是未来行业竞争的关键。当前，航空物流在我国交通运输行业中主要是承担长途货运服务，航空货运量所占比重还较小。但是伴随着物流的快速发展，中国逐步成为世界制造中心，越来越多的鲜活产品（如水果、鲜花、海鲜等）、精密机械产品（如医疗器械）、电子产品（如计算机）、商务文件、通信产品（如手机）等开始通过航空来运送。以东航物流为例，其拥有东航腹舱庞大航空货运运力资源，上下游服务链条逐步打通，针对快递、快运、快邮行业参与者空运资源有限等痛点，提供全程供应链服务。2020年疫情影响下，航空货运运价大涨，拉动该供应链业务收入规模快速扩张，2020年达到33.1亿元，同比增长150.4%。物流产地直达业务生鲜运输货量受疫情影响有所下降，2020年为1.24万吨，同比下降38.9%，但得益于货机运价上涨，产地直达解决方案收入仍明显提升，达到5.95亿元，同比增长29.3%。可见，自有航空物流网络已经成为参与行业竞争、提供综合物流解决方案的核心力量。

（四）转型发展

跨境电商和冷链物流的迅速成长，促进航空物流业加速向信息化、自动化与智能化方向转型。目前我国航空物流业面临发展困难、竞争激烈、缺乏枢纽等一系列挑战。为规范与促进航空物流转型发展，在货运航班时刻方面，2020年10月25日，民航局《货邮飞行航班时刻配置政策》正式实施，通过分类量化和差异化的航班时刻配置，有助于进一步提高货邮飞机日利用率和机场货邮服务设施设备利用率，解决航空货运航班时刻不足问题；在信息化建设方面，同年12月30日，郑州机场航空电子货运信息服务平台正式上线，电子货运正成为航空物流信息化建设的转折点；中国物流与采购联合会、中国航空运输协会、中国民用机场协会也分别成立了航空物流分会、航空物流委员会和空港物流分会等专业组织，协同解决航空物流链的问题，并协调供应链各相关主体和谐发展，搭建交流与合作平台，在促进航空物流高质量发展中发挥资源优势和协调优势。这一切使得航空物流加速深化发展，航空物流服务日益呈现出差异化、个性化的特征，进而通过航空物流服务的过程体验、技术手段、创新意识等创造出更高的附加值。

作为高投入的资本密集型行业，航空物流业的规模经济效应十分明显。一方面，以大型机场作为运营枢纽，使其成为重要的客运快速中转中心、集散中心和综合物流节点；另一方面，未来航空物流行业的竞争将是以差异化经营、个性化运作和服务创新为主的综合实力竞争格局。因此，只有从多方面支持货运枢纽机场建设并进行合理规划布局，构建面向全球的航空货运枢纽网络，才能更好地促进综合性枢纽机场和专业性货运枢纽机场布局。

三、后疫情时代我国航空物流的发展

（一）疫情影响

新冠疫情持续肆虐，给全球生产生活带来深刻影响。对航空物流的影响体现在两大方面。一是航空货运需求旺盛，空运运力紧张，运价暴涨。一方面线上购物普及率大幅提升，人们购物方式发生改变，另一方面大量医疗和救援物资等待运往世界各地，这些都给航空物流领域带来新的发展契机。2020年航空货运创造了1290亿美元的收入，约占航空公司总收入的1/3，与疫情前水平相比增长了10%~15%。然而，疫情导致全球客机大规模停飞，2020年国际航线起飞架次同比下降71.8%，腹舱运力大幅下降，由于全球45%~50%的航空货物是由客机腹舱来完成的，而我国航空货运市场上客机腹舱载货量更是占比高达70%，这导致对货机的依赖度大幅增加。2022年底我国内地航空公司拥有货机达到212架，比2019年增长了22%，仅2022年，国内航空公司就引进31架货机。另据主营航空业分析的西留姆公司统计，全球"客改货"的飞机数量，2021年将增加36%至90架，到2022年将达到109架。"客改货"成为常态，占新增货运航班总量的50%以上，但货运航班仍然处于满载状态，甚至出现"一舱难求"的现象。在搭载货机前往世界各地的货物中，不管是生鲜食品、温控药品，还是疫苗以及各类冷链货物，都存在价值高，对运输时效性、存储可靠性要求严苛的特点，而这些特点恰好是航空运输所擅长的。国际物流巨头敦豪与麦肯锡公司联合发布的白皮书显示，全球范围内的新冠疫苗需求将超过100亿剂，需要提供约1.5万架次B747货机的运力。二是爆发全球航空公司破产重组浪潮。没有现金流就意味着死亡，南亚、拉美、非洲等地区航司集体暴雷，巴基斯坦国际航空、泰国皇雀航空、维珍澳大利亚航空、马来西亚亚洲航空、墨西哥航空、坦桑尼亚Precision Air等纷纷以各种形式破产重组，国内海南航空也因现金流严重短缺，成为压垮骆驼的最后一根稻草。而早在2019年开始，小型民营航空公司已经感受到了寒意，奥凯、瑞丽、青岛、红土、龙浩、龙江等航空公司纷纷变更股东乃至停航。即便没有破产重组的航司，也纷纷采取裁员降薪等措施，如全日空2021年4月宣布包括飞行员、空乘和地勤人员在内的1.5万名员工可放两年无薪假期，占其员工总数的1/3，休假期间公司不发工资,只负担社保费用。我国多数航空公司采取"固定薪酬+绩效奖金"模式,业绩不好,影响绩效奖金。

(二)政府救助

为应对疫情笼罩、各国断航封锁的压力,各国政府纷纷通过补贴、救助、增资等手段,对本国航司进行政府救助。如新加坡航空、国泰航空、毛里求斯航空、斐济航空、葡萄牙航空等一直是各国政府救助的重心,美国三大航空、法航—荷航、汉莎航空、俄罗斯航空等也不同程度得到救助。但接受救助的同时,航司也受到一些限制,如美国财政部与美国六大航司(美国航空、美联航、达美航空、西南航空、捷蓝航空和阿拉斯加航空)约定,10年内偿还30%以低息贷款形式提供的救助金,并向财政部发行相当于救助金10%的认股权证;对股东分红、股份回购和高管薪酬进行限制,直到贷款全额还清满一年等限制政策。我国民航局针对疫情对行业造成的影响,在财政支持、税费减免、金融信贷等方面出台了一揽子"16+8"项扶持政策,为航空公司年减负约100亿元。

(三)积极拓展

针对客货运需求的巨大差异,航空物流企业纷纷抢先布局:增开国际航线、加速客改货、发展医药物流、提高冷链技术,与航空物流相关企业注册增速也不断攀升。继顺丰航空、圆通航空之后,2021年上半年,江苏京东货运航空有限公司(下称"京东货航")成为第3家民营货运航空公司,其基地机场将设在南通兴东国际机场,使用波音737-800系列飞机。顺丰航空则继续扩大机队规模,2020年底其全货机数量超过60架,2022年更是达到77架,成为目前国内拥有全货机最多的航空物流公司。2022年,总投资额372.6亿元,国内第一个专业性航空货运枢纽——湖北鄂州花湖机场正式投运,成为顺丰航空的枢纽机场。圆通航空也在发力,继不断开辟国际航线后,圆通航空加快了收购步伐,6月圆通航空最新引进一架波音757全货机,并在投资陕西首家本土货运航空公司——西北国际货航后,于2020年6月22日在浙江宣布,将在嘉兴投资兴建航空物流枢纽,加上配套项目,总投资达122亿元,根据未来远期规划,2050年预测货邮吞吐量为240万吨,规划货运机位94个。

当然，与需求旺盛的航空物流市场相比，国内货运运力还有很大提升空间，国际运输能力和专业保障设施还不能满足日益增长的空运需求，信息化建设相对滞后，但是也应该看到，航空物流业正在迎来重要战略机遇期。支持航空物流发展的政策措施密集出台，不断释放政策红利；三大航空物流板块全部实现混改，面临转型升级；以快递公司为代表的民营航空物流企业加快布局，机场枢纽、全货机成为投资重点；全国性临空经济区增至 17 个。2022 年，机场、航空公司、货运代理、海关等货运主体从各自的业务环节切入，共同推动电子运单的加速使用，鼓励通过互联网、手机 App 等手段进行申报、放行、订舱和支付等。2022 年，物流无人机获得商业试运行牌照，开展了多场景下的商业试运行；多地城市开始建设无人机物流配套保障设施，加速推动无人机产业发展。

思考题：

（1）简述 RPK 指标含义，以及与可用座公里（Available Seat Kilometer，简称 ASK）、客座率（Passenger Load Factor，简称 PLF）、单位可提供客公里收入（Revenue per ASK，简称 RASK）、平均票价水平（Yield，又称"客公里收入"）、单位可提供客公里成本（Cost per ASK，简称 CASK）等航空收益管理指标的区别。

（2）简述收入吨公里（Revenue Tonne-Kilometers，简称 RTK）、可用吨公里（Available Tonne-Kilometers，简称 ATK）、载运率（Load Factor）等指标的区别。

（3）简述收入货运吨公里（Revenue Freight Tonne-Kilometers，RFTK）、可用货运吨公里（Available Freight Tonne-Kilometers，简称 AFTK）、货载率（Freight Load Factor，简称 FLF）等指标的区别。

（4）加入航空联盟，对航空公司有何利弊？

（5）后疫情时代我国航空物流需求有何特点？

（6）简述航空物流人力资源需求结构与特征？

（7）疫情对我国航空物流有何影响？

第二节 东航物流混改案例

一、改革历程

东方航空物流有限公司（简称东航物流）坐落于上海虹桥机场空港六路199号的中货航大厦。定位为"最具创新力的全球航空物流服务提供商"，致力于为全球客户提供安全、高效、精准、便捷的航空速运、地面综合服务和高端物流解决方案。其中航空速运包含了全货机运输、客机腹舱运输/客机货运业务；地面综合服务包含了货站操作、多式联运、仓储业务；综合物流解决方案则包含了跨境电商解决方案、同业项目供应链、航空特货解决方案和产地直达解决方案。目前，已发展成为拥有2家控股子公司、5家全资子公司、54家分支机构（含境外19家）、在册员工7000多人的大型航空物流企业。

东航物流的前身可追溯到1998年7月由东航股份和中远集团共同投资成立的中国货运航空有限公司（China Cargo Airlines Ltd.，简称"中货航"），它是民航局批准成立的首家专营航空货邮的专业货运航空公司。受早期市场繁荣刺激，中货航不断引进飞机增加运力，最高峰达到20架货机，其中有五种机型、六种发动机，不同机型航程不同，需要的飞行员不一样，航材备件也不一样，最终导致公司运行成本高昂，亏损最多时，中货航的资产负债率超过130%，严重资不抵债。2010年12月，中货航整合上货航、长城航重组为新中货航。2012年12月又整合东远物流（全称"中国东方远航物流有限公司"，系2004年8月从中货航拆分成立的企业）成立东方航空物流有限公司。2013年11月，中共十八届三中全会通过《中共中央关于全面深化改革若干重大问题的决定》，推进新一轮国企改革，大规模关停并转央企旗下的僵尸企业。为此，东航物流大幅度进行改革。首先20架货机缩减到8架，机队变成只有747和777两种机型，人员也大幅压减，终于在2014年首次盈利，此后大幅降低负债率，并酝酿深层次改革举措。2015年，营业利润达3.59亿元。2016年，东航物流已成为率先扭亏为盈的国内最强航空物流公司。2016年9月，东航物流又搭上国家首批混改"6+1"试点"顺风车"，开始业务重组，引入战略投资者，迎来迅速发展的契机。2017年东航物流总营收及利润分别为77.51亿元和9.23亿元，分别比上一年增长31.7%和72.8%。2018至2020年三年总资产分别为57.8824亿元、64.2755亿元和90.9621亿元。营业收入由2018年度的108.8583亿元增长至2020年度的151.1069亿元，年复合增幅达17.82%。净利润由2018年度的11.932亿元增长至2020年度的27.235亿元，年复合增幅达56.69%。2021年5月14日，证监会核准东航物流的首发（IPO）申请，公开发行股票1.5876亿股，约占发行后公司总股本的10.00%，发行后公司总股本约为15.87556亿股。

二、改革成效

按照国家"完善治理、强化激励、突出主业、提高效率"的混改总方针，东航物流混改确定了"三步走"的总体方案。第一步是股权转让。2016年11月29日，东航集团专门成立东方航空产业投资有限公司（以下简称"东航产投"），以非公开协议转让方式受让东航股份持有的东航物流100%的股权，折合24.3亿元，成功将东航物流从上市公司剥离。第二步是增资扩股。2017年6月19日，东航物流实现股权多元化改革。通过引入联想控股、普洛斯、德邦快递、绿地金融控股集团等四家外部投资者，以及核心员工持股层代表，签署增资协议、股东协议和公司章程。估价41亿元，东航物流的股权结构调整为东航产投持有45%，多家非国有资本投资者持有45%，核心员工持股平台持有10%。第三步是改制上市。2018年12月东航物流整体变更为股份有限公司，完成股份制改革；2019年6月，东航物流正式提交上市申请；2021年3月11日通过证监会发审会审核，5月7日获得证监会核准IPO的批复，总计募资资金24.06亿元，用于公司主营业务的发展，成功实现公司股权多元化、混合化。

通过混改，东航实现了下列成效：一是国有资本杠杆作用。利用国有资本撬动非国有资本，增强国有资本的带动力和影响力，实现优势互补。二是降低财务杠杆。混改前后资产负债率从87.86%降到63%，低于世界一流同行业资产负债率75%的平均水平（FedEx为70.07%，UPS为98.93%，DHL为70.17%）。三是协同战略资源。所选择的外部投资者都是行业领先的，能够与东航形成资源互补，产生协同效应的单位。如与联想投资的跨境物流、生鲜冷链、物流金融等企业实现全方位对接,合作共赢;与各方股东联合,挖掘各类与航空物流相关的投资潜力,并在跨境电商物流、生鲜冷链物流等方面实现合作,提前布局企业未来发展的生态圈。四是促进产业发展。混改有效提高了自身产业整合能力、经营能力和可持续发展能力;同时有助于东航集团客货并举,平抑单一业务的周期性波动。

三、成功经验

混改过程中,东航物流积累了一些效果还不错的做法。管理架构方面,一是公司党委"把方向、管大局、保落实"。通过将党建工作总体要求纳入公司章程,明确和落实党组织在公司法人治理结构中的法定地位,把党委决策作为企业重要决策,确保党的领导、党建在改革过程中得到体现和加强。二是健全法人治理结构。按照现代企业制度,东航物流成立了股东会、董事会,制定了监事会议事规则和总经理工作制度,对各层级的权力边界与议事方式进行明确界定。公司董事会由12名董事组成,其中包括4名独立董事,占全部董事比例不低于1/3,并详细规定了独立董事的任职资格、选聘程序、任期、职权、需发表独立意见的事项等。董事会设立审计委员会、提名委员会、薪酬与考核委员会及战略委员会,并制定了相应工作制度。三是实行核心员工持股制度,建立中长期员工激励机制与风险绑定制度。东航物流核心员工持股平台合计持有公司10%的股权,同股同价,这样就将持股员工利益与企业利益捆绑在一起。四是通过完全市场化,实现体制、机制的"双突破"。不仅央企干部转变身份,签订市场化劳动合同,而且推行职业经理人制度,在薪酬幅宽、薪酬结构、绩效考核、福利政策等方面做了相应的配套改革。

用人模式方面,东航物流分别从劳动用工、干部人事和收入分配等三方面进行了改革。一是开展劳动用工改革。通过制度加强公司的劳动合同管理,对员工录用、续聘、离职(调出)、合同解除/终止等,以及劳资双方订立和履行合同的行为进行了明确规范。同时,东航物流围绕自身业务发展和长期业务规划,采取"外引内培"的方式加强人才队伍建设,通过定期对员工进行各类培训,涵盖基础知识、专业知识、岗位技能、管理开发和职业拓展等五大类课程,全方位提高员工从业水平。二是开展干部人事改革。要求参与员工持股的中高级管理人员和核心业务骨干都需转换国企人员身份,与东航解除原有劳动合同后重新签订完全市场化的劳动合同。同时，在中高层管理人员中大力推行职业经理人制度，按照"一人一薪、易岗易薪"的目标，对选聘的职业经理人和全体员工实行完全市场化的薪酬分配与考核机制，员工能力和业绩与薪水同步，从而真正打破"大锅饭"，实现能者上、平者让、庸者下。三是开展收入分配改革。2017年7月1日起，东航物流进行员工薪酬改革，员工薪酬由固定薪酬和浮动绩效奖金构成，固定薪酬包括基础工资和岗位工资，结合人员定级定薪的规则，体现为岗位、绩效、能力付薪的付薪理念。同时，单独制订高管薪酬安排方案，对高管薪酬结构、薪酬水平、年终目标绩效奖金的考核和兑现等做出管理规定。东航物流的员工采用的是间接持股方式，由专门设计的有限合伙企业作为持股平台，持股人员作为有限合伙企业的合伙人，通过有限合伙企业间接持有标的股份。东航物流启动混改后，一共启动了三批共计169人的员工持股工作，并要求持股人员承诺三年的持股锁定期。

四、创新转型

"创新"是东航物流孜孜以求的目标。2013年，东航物流首次将南美车厘子空运到中国。如今，东航物流已经形成以"产地直达"为特色的快速反应供应链平台，来自30多个国家的鲜花、车厘子等数十个生鲜产品通过东航物流货机运到国内，再由东航报关报检后，通过飞机腹舱或卡车航班运送到国内仓储点，并由自有平台以及京东、中粮我买网等电商平台销售。目前中国空运进口车厘子中，东航物流产地直达的占80%的份额；在2017年，仅南北美洲的车厘子，东航物流就运了整整101架次，而每一架货机的运输量是100吨。

"高端物流服务"是东航物流对标快时尚、航材、精密仪器、医药、小动物、进口鲜奶等高附加值产品，为客户提供的全流程个性化物流综合解决方案。如2022年4月期间，英特尔3.5吨芯片从成都运抵上海，为应对疫情防控升级造成的空运资源紧张问题，东航物流将原来从成都直飞上海的方案拆分为中转三段式运输方案，并按照贵重品标准提供全程运输保障，通过属地化责任方式落实责任，实现无缝接力监控；同样是4月份，HH集团有5.4吨共8个托盘的货物需要运抵上海，针对疫情防控升级造成的供应链不畅、运力紧张、危冷库周转率低、危化品查验时间长等问题，东航物流紧密对接HH集团，成立专门的物流保障运输小组，提供了涵盖航空干线运输、"危冷车代库"及快速清关服务在内的全套物流解决方案，通过采用货机运输，危险品冷藏车保存货物，与海关"预报关"等做法，有效解决了运力、仓储和查验等各环节的"堵点"，并通过绿色通道完成了在上海机场的理货、查验和清关放行等一系列操作。正是有提供个性化物流解决方案的实力，东航与众多客户都有长期合作，如西班牙知名时装零售集团INDITEX自2013年起就一直委托东航物流为其量身打造专属的物流解决方案。同时，在与顺丰、德邦等客户的长期合作中，东航物流也承接了同行代理间的大量包板、包量合作业务。"高端物流服务"正在日益成为东航物流的主要利润增长点。

通过混改，东航物流依靠自身的航空货运网络和地面航空货站优势，融合非国有战略投资者的大数据应用、第三方物流、干线运输、现代物流仓储和落地配送网络等多个航空物流产业链的上下游资源，根据市场需求侧要求，快速推进供给侧结构性改革，转型发展成为具有物流产业生态圈竞争力、创新商业模式、布局全国、着眼全球的现代航空物流服务集成商。东航物流已经初步形成"全货机经营、客机腹舱经营和货站体系经营"三位一体的格局，通过业务创新促转型，东航物流的市场竞争力发生了质的飞跃。2020年末，东航物流旗下中货航拥有10架货机和725架客机货运资源，依托天合联盟、代码共享与特殊比例分摊协议（Special Prorate Agreement，简称SPA），航线网络通达全球170个国家的1036个目的地。东航物流在全国范围内拥有150万平方米的17个自营货站，覆盖上海地区的7个自营货站，以及北京、昆明、西安、武汉、南京、济南、青岛、兰州、合肥、太原等10个外地自营货站。拥有覆盖国内29条线路的共155辆货运车辆，并推进了包括西安、郑州、宁波、北京大兴等地的临空物流产业园区项目。此外，东航物流还制订了客机腹舱承包经营方案，计划买断东航股份客机腹舱资源。

未来，东航物流将加速向FedEx、UPS、DHL这样的国际化现代航空物流服务集成商转型，不断增强精细化、高品质物流服务供给能力，提高市场竞争力，构建功能完善、布局合理、衔接顺畅的航空货运设施布局和通达全球的航空货运网络体系。

思考题：

（1）混改的目的是什么？为什么能够取得这些成效？

（2）在混改背景下，你认为三大航空与民营航空物流未来的竞争态势会如何发展？

（3）请结合案例对东航物流未来发展提出相关建议。

第三节 低成本航空发展战略规划案例

一、国内外低成本航空发展趋势分析

1967年成立的美国西南航空公司（Southwest Airlines）是民航业"廉价航空公司"经营模式的鼻祖，曾经在20多年里，是北美唯一成功的低成本航空公司。但是自1998年后，众多低成本运营模式的追随者，如西捷航空（Westjet）、捷蓝航空（Jetblue）、穿越航空（AirTran）等，与大西洋彼岸的易捷航空（EasyJet）、瑞安航空（Ryanair）等遥相呼应，异军突起，影响和改变了整个行业的基本架构与发展方向。据统计，在美国国内客运市场，低成本航空公司的市场份额从1990年的5.5%上升到2002年的20%以上。

低成本航空公司采取的主要措施是通过低价大规模开展直销，这样不仅可以抢占客源，而且可以培养旅客在其网站购票的消费习惯，从而增加直销比例，降低代理佣金。法航-荷航集团率先实行零代理费，并要求代理人未来每张机票向消费者征收50~700元的服务费，随后汉莎和瑞士航空也将代理费从3%下调至1%；中国国内三大航空也将国际航线的代理手续费率从5%下调到3%，国航、南航更是下调到1%，向零代理费演进。

低成本航空在维持生产效率优势的同时，不断进入新的业务领域，从过去的"飞短"走向"飞长"。如亚航X率先开通廉航长途国际航线；成功转型低成本运营的挪威航空准备两年内引进了8架787飞机参与大西洋航线竞争，平均票价在200~250欧元。低成本航空不断介入全服务航空的领域，所采用的非限制性高频率航班、单程低票价结构，逼迫全服务航空公司跟随降低票价、放宽购票限制（表4-1所列为典型低成本航空与全服务航空的商业模式对比）。常旅客、商务经济舱也开始被越来越多的廉航公司使用；低成本航企机型的应

用也开始不局限于单一机型，如中东 CEBU 航空将大型宽体机 A350 投入到短途廉航航线。低成本航空公司还积极通过资本市场融资上市，表 4-2 为全球主要低成本航空上市情况。

表 4-1 典型低成本航空公司与全服务航空公司的商业模式差异

项目	低成本航空公司	全服务航空公司	低成本航空公司经营模式优势
机队设置	单一机型（通常是 A320 或 B737）；座椅密度较高（如 A320 设置 180 座）	多种机型；座椅密度较低	单一机型导致飞机采购、维修、航材采购和修理成本较低
舱位设置	单一舱位（不设公务舱和头等舱）	一般分设头等舱、公务舱与经济舱	单位成本低，运行复杂程度低
飞机利用率	延长至凌晨和深夜起飞，提高日均飞行时间（平均飞机日利用率约 11 小时）；多使用二线机场，周转速度快	通常利用早上 8 点至晚上 9 点的时刻，平均飞机日利用率约 9 小时；使用航班密集的大机场，因此往返时间较长	利用率较高，摊薄单位固定成本
航线网络	中短途、点对点直线航线	以枢纽轮辐式航线为主	运行效率高，复杂程度低
机场选择	偏向于选择二线机场起降，并与其开展积极合作	大多选择国际、大型机场为枢纽起降	二线机场和低成本航站楼收费较低
机票销售	以网络直销为主	目前以代理、自主营业部销售为主	网上直销的销售费用较低
附赠服务	无附赠服务，额外服务需收取费用（如机供餐饮、座位挑选、快速登机等）	无额外收费下提供机上餐饮、娱乐活动、座位挑选等	积极发展辅助收入

表 4-2 各国主要低成本航空公司上市情况

航企名称	成立时间（年）	上市时间	所属国家	主要经营区域
春秋航空	2004	2015	中国	中国及周边国家
亚航 X	2007	2013	马来西亚	东南亚与大洋洲
泰国亚航	2004	2012	泰国	东南亚
Spirit 航空	1980	2011	美国	美国和加勒比海区域
Flybe	2000	2010	英国	欧洲
宿务航空	1997	2010	菲律宾	东南亚

续表

航企名称	成立时间（年）	上市时间	所属国家	主要经营区域
欣丰虎航	2003	2010	菲律宾	东南亚
阿拉伯航空	2003	2007	阿联酋	中东
GOL航空	2000	2004	巴西	南美洲
亚洲航空	1993	2004	马来西亚	东南亚
捷蓝航空	1998	2002	美国	美国、加勒比海、巴哈马和百慕大
易捷航空	1995	2000	英国	欧洲
西捷航空	1996	1999	加拿大	北美洲
瑞安航空	1985	1997	爱尔兰	欧洲
西南航空	1971	1984	美国	美国

低成本航空在全球的市场占比不断提升，在欧美地区传统航空一家独大的格局正在被打破。以欧洲为例，低成本航空已占据欧洲中短程（2~4小时）航线70%~80%市场份额，而欧洲中短程航线更是100%运用低成本运营模式。反观我国，以春秋一家独大，不考虑国际航线，低成本航空仅占市场份额的2.8%，不仅远低于民航发达地区30%的份额，甚至只相当于亚洲平均水平的1/6。

目前，低成本航空公司逐步发展并形成三种主要运营模式：第一种是传统低价运营模式，通过降低成本来实现低价运营、低价营销，以美国西南航空为代表；第二种是增值运营模式，以捷蓝（JetBlue）航空公司为代表，通过满足特定客户群体对某些额外高质量服务的个体需求，从而获取更多客户，比如在休息室设置皮椅，在飞机上安装液晶电视等；第三种是付费运营模式，以亚航和瑞安航空为代表，其显著特点是将服务中能够减免的项目都减免，需要特定服务的需要额外付费，比如机上使用厕所额外收费。

二、国内最成功的低成本航空——春秋航空

（一）发展现状

春秋航空股份有限公司（简称"春秋航空"）成立于2004年5月26日，

是中国首个民营资本独资经营的低成本航空公司专线。总部在上海,基地设于上海虹桥机场、上海浦东机场、石家庄正定机场、沈阳桃仙机场。2009 年 7 月春秋航空开设飞往东京的国际航线,成为大陆第二家可飞行国际航线的民营航空公司。截至 2021 年 1 月,春秋航空机队规模达到 102 架,开通了往返于日本、韩国、泰国、马来西亚、柬埔寨等 10 余条国际及地区航线,以及上海、广州、成都、深圳、昆明、重庆、珠海、厦门、南京等国内航线,所有航线共计 70 余条。

(二)特色经营理念

春秋航空以"让人人坐得起飞机"为目标,其 3S 标志寓意是"安全(Safety)、微笑(Smile)和真诚(Sincerity)",提供"低价、准点、便捷、温馨"的航空服务,倡导反奢华的低成本消费理念和生活方式。

(三)个性化商业模式

1. 单一机型单一舱位

机队全部由空客 A320 和 A321 构成,采用单一经济舱布局,使座位数达到 180 座,高于传统航空公司空客 A320 飞机 154 座的平均水平。

2. 低价格低成本

春秋航空推出 99 元、199 元、299 元、399 元等特价机票,通过降低成本使票价下降,吸引游客和对价格敏感的商务客。同时,严控成本,一是飞机上不供应免费膳食和饮料(初期提供免费瓶装水,但现已改为收费);二是旅客随身携带行李体积不超过 20cm×30cm×40cm,质量不超过 10kg,免费行李额为 15kg;三是简化了机票和登机牌,座距平均比其他航空公司小 28 英寸;四是因为航空公司自身原因造成的延误,也不供应餐饮。如果需要额外服务,则需要额外付费;五是通过空中活动来弥补成本,如采取"空中商城"的推销活动。

3. 高飞机利用率

春秋航空飞机的平均每天飞行时间为 12 小时,而国内行业平均水平为 10 小时/天。开航以来平均客座率达 95.4%,居全球低成本航空第一。

4. 低销售费用

春秋航空采用网上电子客票直销和呼叫中心电话直销为主，不开门市，是我国首家独立开发销售和离港系统的航空公司，旅客可以在家或在办公室通过网站或手机预订、支付机票，还能在网上选择飞机客舱座位，自助办理登机手续。

5. 特色商务经济座

春秋航空推出的商务经济座，是一项高性价比服务产品，满足商务旅客以经济舱的价格享受高于经济舱标准的差旅服务。

6. 特色空铁快线

空铁快线是春秋航空推出的飞机加高铁的联运产品，飞机段是春秋航空从上海始发的60余个国内航班和10余个国际地区航班，高铁段是以长三角为主的城市往返上海的高铁线路。通过高铁与飞机的接力运输，使得更多城市旅客可以顺畅和便捷地通过上海两大机场往返国内外。截至2013年底，春秋航空就已经开通了苏州、杭州、无锡、常州、嘉兴、合肥、南京等往返上海的15个城市，目前，已扩展至18个城市。

7. 特色服务

春秋航空严格规范空中服务，将客舱服务制度化、规范化、程序化，要求空乘人员开展"蹲式服务""深度鞠躬服务"和"灿烂微笑服务"，提出"四个一"客舱服务，增加对睡觉旅客、无人陪伴儿童的服务指示卡，增加常用药包、针线包、旅游图册等便民服务措施，让旅客感受到春秋航空的"平民化"，同时针对不同旅客情况提供特色温馨服务，如细心准备的"生日贺岁卡""新婚卡"，对老人、儿童无微不至的关怀与照顾，给旅游观光客进行"演讲式客舱服务、有导游特色的空中讲解服务"等，让各类旅客都能感受到春秋航空高品质的温馨服务。

（四）未来发展规划

春秋航空倾向于采取低成本运营的第三种模式。一方面，顾客定位为那些"对价格敏感、对时间不敏感"的人士，票价同比要便宜36%左右，乘客上座率很高；另一方面，春秋航空的销售没有进入中国民航GDS预订系统，也没有与其他航空公司达成签转协议，而是使用自己开发的座位控制销售系统开展销售，以网上 B2C 电子客票直销为主。为了严控成本，春秋航空执行的是旅客差异化服务，明确飞机延误补偿为：由于航空公司自身原因造成延误，不供应餐饮；延误 4 小时以上的，晚上 10 时后提供带盥洗设备的标准间住宿；非团队商务旅客在航程取消或延误超过 3 小时的情况下可选择搭乘春秋航空下一航班或退还票款，否则，旅客需要为延误支付"差异化费用"。比如 2007 年春秋航空因航班延误发生多起群体性纠纷，2008 年五一期间又因"运力调配"造成多起航班延误或航班取消，春秋航空都只提供退票，拒绝赔偿，原因是旅客购买的都是低价票。由于延误时间过长，没有及时通知顾客，旅客认为春秋航空态度不友好、服务不周到，没有给滞留旅客提供满意的解决方案和茶水服务，导致旅客不满，甚至有部分旅客明确表示不再乘坐此类航班。相比之下，某日东航发生航班延误，旅客在封闭的机舱里一个小时，空乘组进行解释、送餐、派发纪念品和搞小活动来进行安抚，在很大程度上缓和了与乘客之间可能产生的延误纠纷。显然，航空公司与旅客之间对"航班延误"的责任认知不同，是造成纠纷的主要缘由。如果延误时间过长，航空公司有必要启动应急预案，定时发布信息，且争取获得旅客的信任和理解，这对于避免因延误造成纠纷还是很有必要的。

三、亚洲规模最大的低成本航空——马来西亚亚洲航空

（一）发展现状

亚航 1993 年成立，1996 年开始营运，是马来西亚第二家国际航空公司，是亚洲首家、也是规模最大的低成本航空公司，拥有 6 家航空公司。主要枢纽机场为吉隆坡国际机场（KLIA）的低成本航站大楼（LCCT），其他枢纽机场有新山士乃国际机场、槟城国际机场、亚庇国际机场、古晋国际机场等，国内外定期航班遍布 25 个国家和地区的 400 多个机场。

（二）特色经营理念

亚航的梦想是"人人都能飞"，旨在成为最受员工爱戴的企业，提供最低廉的航班，致力于使旅行变得更简单、方便、有趣。亚航的经营基于廉价，不提供不必要服务的策略。

(三)个性化商业模式

1. 高频班次

亚航通过高频次航班让乘客更加方便,通过缩短航班地面滞留时间、提高飞机利用率、提高航线和人员服务效率等措施来达到缩短航班回航时间的目的,实现地区最短回航时间仅为25分钟,确保效率更高、飞机利用更高效,成本更低。

2. 方便乘客

亚航通过提供便捷服务使旅客旅程更方便,通过建立广泛和创新的分销渠道,让乘客预订和旅行更加容易。如亚航推出的令牌 Wi-Fi 服务,自2014年11月4日起,乘客通过使用名为 roKKi Chats 令牌的 Wi-Fi 服务,就能在机上使用即时通信 APP,支持微信、WhatsApp 和 LINE 等。每个令牌价格为8马币(约14.7元人民币),仅限一台设备使用,包含3MB流量,且每架飞机仅提供90个,采取先到先得机制。

3. 安全第一

亚航"成本最优"的理念以航班安全为前提,机队全部符合国际航空安全标准,并由马来西亚民航局管辖。同时投入大量资金确保飞行安全,与全球最著名的航空维护服务供应商合作,遵照世界通行的航空公司经营惯例,对于任何不安全的做法采取零容忍,加强风险管理,力求零意外事故。

4. 成本优化

亚航致力于优化成本来达到利润最大化,简化各项业务流程并提高效率,同时使用同型飞机节约培训成本,如大量采用搭载有能够降低风阻并减少油耗的翼尖的新型 A320 客机。

5. 购买服务

亚航只提供必要服务,并提供各种订制服务供乘客选择,不降低服务品质和客户体验,而行李托运、机上餐饮、座位挑选等服务都不包含在机票中,需要乘客根据个人需求付费购买。

(四)未来发展规划

面对疫情的冲击,低成本快速发展模式受到重创,航空主业受到沉重打击。亚航启动经营模式转型，积极拓展电子商务、物流、餐饮和食品配送等非航业务，成功转型为一家科技驱动型公司。2022年1月基于转型成果和新发展规划，亚航正式把名称从亚航集团（AirAsia Group Berhad）更名为Capital A有限公司（Capital A Berhad），告别了单一航空公司的业务定位，并计划拓展业务到网约车服务、外卖配送服务等。其经营特点体现在：

1. 数字化集成服务商

亚航依靠数字化科技和产品创新，加快业务组合，向数字经济转型发展，成为一个"超级应用"平台，满足旅客了解航班机票、酒店旅游综合信息、通信、餐饮、健康、风险投资、金融服务（保险、货币兑换、融资、电子钱包等）、活动、购物、快递等多类综合即时信息和订购选择。

2020年10月，亚航推出了其改版后的网站www.airasia.com和手机应用APP，与消费者建立直接联系，为乘客提供新的航空出行和综合消费体验。亚航还在其App中增加了社交功能，搭乘同一航班的旅客可以即时聊天，分享出行计划。同年11月，亚航推出医养旅游平台AirAsia Health，计划打造成为东南亚第一个提供端到端医疗服务的线上平台，为用户提供可以同时满足医疗和旅游需求的可靠、高品质的一站式解决方案。2021年4月，亚航在槟城推出了亚航食品，在印度尼西亚推出AirAsia Beauty，将其业务范围扩展至美容产品的销售，通过精心挑选各种美容产品、超额免费送货服务等以满足印度尼西亚女性的需求。2021年8月，旗下的Teleport收购了创立于2012年的Delivereat（马来西亚槟城在线食品配送平台）的全部股权，以加强其在该国的配送服务。

2. 新的电商平台商

亚航积极拥抱电商行业，将旅游、零售和购物结合在一起。2020年8月，亚航在马来西业率先推出AirAsia Shop。平台线上产品涵盖美容、时尚、电子、健康和自有品牌等产品，并积极寻找新的卖家加入该平台。在马来西亚，亚航还提供生鲜服务AirAsia Fresh，消费者可以在线购买肉类、蔬菜和杂货商品。亚航的新物流部门Teleport将处理AirAsia Shop平台的产品交付。2021年1月，亚航在菲律宾推出电商平台AirAsia Shop。

3. 物流服务提供商

亚航一直都重视物流业务，除了自建自营Teleport、还参股马来西亚物流平台EasyParcel等形成联营联盟。其中Teleport成立于2018年，前身为

RedCargo Logistics，是亚航旗下的合资物流科技子公司和业务新品牌，为客户提供货物运输和电子商务服务。除了开拓航空物流市场，还大力开拓航空物流数字化技术服务、电商物流、快递包裹运输、社区与区域物流合作等新型物流业务市场。在2019年7月，Teleport在包括亚航100多个机场、每周一万架亚航航班腹舱和约一百万吨货运载运量，提供强大的物流和基础设施服务。2020年4月16日，Teleport宣布推出全球首个基于区块链的数字航空货运网络Freightchain，货主或货运代理可通过Freightchain立即预订和确认具体运输机型，而无须通过耗时的销售或电子邮件渠道。2020年5月，由亚航替Teleport运营六架A330和两架A320，开始在东盟主要航空货运航线上建立了货运专用网络，以满足日益增长的电子商务和整体货运需求。业务范围涵盖马来西亚、泰国、印度尼西亚、菲律宾、印度、新加坡和中国。2020年11月，Teleport与菜鸟（Cainiao）网络结成战略合作伙伴，正式建立了直接马中电子商务物流服务。双方在货运包机业务上密切合作，作为一种长期合作关系，通过利用Teleport在两个平台之间的强大技术集成和亚航的区域网络，可以实现从中国多个城市跨东南亚的电子商务交付。通过与菜鸟的合作，Teleport将在24小时内提供端到端的交付体验。

2021年6月，Teleport开始运营其第一架专用货运飞机波音737-800F。飞机由Teleport购买，委托给泰国嘉迈航空公司（K-Mile Asia）具体运营，双方通过优势互补的合作来共同发展物流业。2022年9月，Teleport进一步扩大其机队，计划从BBAM租用三架空客A321F货机。这三架A321F将由亚航运营，将于2023年第一季度开始分阶段交付，有望满足东南亚和整个亚太地区多样化的航空货运市场需求。届时Teleport纯货运机队规模将扩大到4架。通过亚航独家网络，Teleport可以使用多枢纽运营模式，将无缝定位为包括马来西亚、泰国、菲律宾和印度尼西亚等地的主要市场，并充分灵活地利用每个枢纽国家独特的地理优势、空中交通权，满足运输需求。

四、欧洲低成本创新的典范——瑞安航空

（一）发展现状

瑞安航空（Ryanair）于1985年创立，是欧洲第一家也是欧洲最大的低成

本航空公司,已经发展成为世界上最赚钱的航空公司。其成本要比欧洲航空公司平均成本低 30%,平均每个员工的服务旅客数也高于平均水平 40%,这使得瑞安只需 50% 的客座率就能获利,而竞争对手却需要有 75% 的客座率才能勉强弥补成本。瑞安运载的旅客数从 1990 年的不到 100 万,到 2001 年的 900 万,再到 2005 年的 3500 万人次。目前,瑞安已拥有遍布 26 个国家的 32 个基地和 830 条航线。与其他欧洲航空公司相比,瑞安的成本优势高 32%;相比之下,西南航空的成本优势也不过只比美国其他航空公司高 25%。瑞安的"每英里可利用座位成本"只有 11 美分,而英航、法航、斯航分别是 13 美分、16 美分和 20 美分。

(二)特色经营理念

把运输业与零售业结合起来,打造"空中百货",做"世界上最赚钱的航空公司"。

(三)个性化商业模式

瑞安之所以能够采取超低价吸引对价格敏感的乘客,主要在于两大个性化商业模式。

1. 超强成本控制

除了借鉴西南航空的做法,瑞安还采用了很多成本控制手段,使得自身成为全球每英里运输成本最低的航空公司。一是采用统一机型,大多购买二手飞机。二是保持高频次飞行、提高乘客的周转率。在飞机利用率方面,瑞安 25 分钟内就能完成一架飞机的卸载、清洁、备货及复载等工作,这样一架飞机一天能够执行 8 个班次,而一般航空公司却只能执飞 4~5 次,这就相当于减少了飞机数量。三是采用直线式的管理模式,确保任何人都能够在五分钟内联系到公司的 CEO,增加飞机、飞行员、乘务员等,但不雇用更多的管理人员,其总部只有 8 名高级管理人员。四是尽量降低运营费用,取消机上一切不必要的服务。瑞安的员工常常身兼数职。比如空姐,在起飞前要核对登机号,起飞后要售卖餐饮和免税商品,降落之后还要对机舱进行打扫;瑞安不提供任何免费食品和刊物,如需要乘客只能自己购买;瑞安单机仅配备两名空姐,远低于其他航空公司平均 5 名空姐的人数。机舱安排方面,将座位间距压缩至 76 厘米;

取消座椅后面难以清洗的清洁袋;不铺设地毯,也没有靠垫和机窗遮阳板。五是运用网上直销方式降低销售成本,同时加强对渠道的控制。以前通过旅行社代理出售要支付5%~7.5%的佣金,通过一些预定系统,如伽利略(Galileo)、阿波罗(Apollo)等售出要支付4.5%的费用。为此,瑞安与代理商谈判要求降低佣金,停止使用预定系统,并推出自己的销售网站。自2000年瑞安开发了内部预定系统,新系统的运行成本仅占机票销售收入的0.66%,到2003年就有约94%的机票是在内部预订系统上售出的。六是班机大部分在一些便宜的、二线机场降落,同时与这些机场谈判达成价格异常低廉、期限很长的协议,从而降低机场服务费用。据统计,瑞安支付在每位乘客身上的机场费用成本是1.5美元,远低于大机场平均人均22美元的机场费用。使用二线机场还有助于瑞安的航班周转时间更快、误机时间更少。

2. 创新的盈利模式

乘客乘坐飞机不需要花费多少钱甚至不用花钱,但购买服务和商品就要付钱。在不断降低成本的同时,瑞安创新盈利模式,不断开发新的项目吸引客户、便利客户,以此为公司带来利润。其主要盈利渠道有四个:一是乘客要为包括机舱食品、行李托运服务等服务付费。仅2005年瑞安就安排空姐在机舱上销售了6100万美元的食品。二是瑞安在飞机上增设了如赌博、游戏等收费业务,吸引爱好赌博和游戏的乘客。三是广告收入,包括飞机、机舱椅背后的托盘都有各式各样的广告,就连瑞安的网站上,除了有合作者的广告外,也有瑞安其他业务的广告,比如保险、理财服务等。凭借网站每月1500万浏览者的访问量,截至2006年3月31日的财年内,瑞安就获得了3.32亿美元的收入。四是代理佣金,瑞安与一些酒店和租车公司建立了合作关系,只要旅客在瑞安的网站预订酒店或租车,瑞安就能得到一定比例的分成;瑞安还为顾客配备了移动通信服务,根据电话使用情况收取相应佣金。

3. 树立最便宜的独特品牌形象

瑞安具有独特的企业文化,可以自由轻松地谈论它的竞争对手,这让目标客户认为瑞安真实、可信,同时瑞安总是让其客户和雇员觉得瑞安是在为他们的利益而服务,这也成功引起了媒体的广泛关注。如2005年在机身上写上"SAY NO TO BA FUEL LEVY"(拒绝英航的燃油附加费)等来打击竞争对手。此外,在瑞安的网站上,不时出现标价接近免费的机票,而瑞安也经常强调自己的价格是所有航空公司中最低的，但实际上，所有机票都有很多附加费，而这些正是瑞安的收入来源。但是采用这样的策略成功地帮助瑞安树立起"最便宜航空公司"的形象。

思考题：

（1）根据波特的通用战略理论，航空公司都有哪些战略运作模式？

（2）春秋航空公司如采用绝对运营模式时，需要做出哪些改变？

（3）结合案例，分别说说在不同低成本运作模式下，解决航班延误及客户投诉问题的具体做法都有哪些？

（4）请结合成本、收入、客户服务、竞争优势等综合评定，春秋航空的目标客户群体有哪些？

（5）说说案例中的三家低成本航空公司是如何应对新冠疫情冲击的？

第四节　航空物流领域智慧物流技术的应用

一、政策合理助推智慧民航建设

智慧物流依托物流互联网和物流大数据，通过协同共享与AI先进技术，改变产业结构和产业分工方式，实现产业发展转型。2018年国务院《关于推进电子商务与快递物流协同发展的意见》、2019年《交通强国建设纲要》、2020年5月《关于促进快递业与制造业深度融合发展的意见》、2022年《"十四五"航空物流发展专项规划》《智慧民航建设路线图》等政策和规划的出台都积极引导智慧民航物流建设。概括起来，主要有三大方面，一是发展"硬装备"，要推进快递物流技术装备的自动化、专业化和智能化水平，如研发智能立体仓库、智能物流机器人、自动化分拣设备、自动化包装设备、无人驾驶车辆和冷链快递等技术装备；二是发展"软硬协同"，要大力发展"互联网+物流"，通过加强大数据、云计算、机器人等现代信息技术和装备在电子商务与快递物流领域的应用，从而创新智慧物流营运模式；三是"破痛点"，要加快快递扩

容增效和数字化转型,推进智能收投终端和末端公共服务平台建设,积极发展无人机(车)物流递送、城市地下物流配送等,未雨绸缪,解决未来智慧物流的痛点。

在上述政策合力推动下,我国的物流装备行业在智能化、信息化、标准化建设诸多层面迎来利好。一是机场货站开始融入智慧物流体系,实现连接升级,通过采用统一条码、RFID 等物联网技术,与航空公司、货运代理人、快递企业、海关、检疫等单位实现信息互联互通,促进航空物流的组织化和集约化。二是智慧民航建设,积极推动行业数据升级、模式升级、体验升级、智能升级,争取"2035 年实现物流一张单的发展目标"。为此,需要着力提高货运设施的自动化水平,为物流设备、设施和行业监管等全方位的智能化、智慧化发展创造基础条件。2021 年已经启动了一批智慧化工程的试点项目,如湖北国际物流机场的少人化货运机坪,深圳机场航空集装器 CT 安检机应用平台,郑州机场航空电子货运信息服务平台等。

二、无人化智慧机场建设

航空物流业以 Airport3.0 智慧型机场建设为重要目标,在硬件方面会加快建设 5G 通信、计算机网络设备等信息技术投入;软件方面以大数据、云计算、人工智能为抓手,全力打造现代航空物流全产业链体系。未来不论综合型还是专业型货运站,基础设施和物流设备都会趋向功能智能化、系统柔性化,如无人叉车、无人搬运车、AGV(Automated Guided Vehicle,自动导引运输机)等智能设备。

随着航空物流智能化、精细化水平明显提高,"无人化货运机坪"初显端倪。一方面,无人机技术、物联网、大数据、云计算、人工智能、北斗导航等先进技术的普及运用,进一步推动了航空物流服务网络的智能化和自动化水平。另一方面,无人自动驾驶技术正为智慧机场建设和空侧无人化提供新的发展方向。自 2019 年 12 月 30 日起香港机场试验运行无人驾驶拖车运输航空货物和旅客行李,行驶速度为每小时 20 公里,车辆搭载多种传感器,能按设定的路线安全行驶,并准确检测障碍物,一年多的运作证实无人驾驶拖车的运作更可靠、更安全,也更具有稳定性。这在后来的新冠疫情防控期间仍能够保持常态化运作做出了重大贡献。

新加坡樟宜机场也是机场建设无人化智慧机坪的典型，它建造了一个完整的航站楼来帮助测试未来的机场机器人。而 SATS（新加坡机场航站服务公司）开展了多项测试，一种是远程控制的交通工具，可以在 10 分钟内将行李从飞机上卸下，并转移到行李处理区域；一种是自动驾驶电动汽车，可以用来运送空运单据；还有利用光探测和测距技术来绘制路线，将可承载 200 千克食物的手推车运送到休息室等。

由于机场的机坪一般具备相对独立的物理隔离条件，可以考虑在该区域实行全自动的无人货物转运，包括从货机卸货、到港运输、进入航空货站、离港运输、货机装机等全过程。在货运站内部也可以采用 AGV、RGV（Rail Guided Vehicle，有轧制导车辆）等智能设备的应用，采用路径隔离、时间隔离等手段做到站内车辆无人化，通过货运站改造，打造高效集成的航空物流作业环境，在设施设备上考虑应用四向穿梭车、AGV 等散货处理系统等智能设备，以提高货运设备的整体智能化水平。

三、智慧化航空货站升级

机场货站是机场陆侧设施的重要组成部分，也是航空物流最重要的地面操作节点。据统计，货邮在机场货站的处理时间占航空物流运输总时间的 80% 左右。因此，机场货站智慧化升级，是建设智能化柔性化的重中之重。通常，一个典型的航空货站由基地（Hub）负责协调、统筹，下设多个部门，有负责监控飞行数据、对飞机常规检查的维修部门（Maintenance），有管理不同站点集装器（Unit Load Device，简称 ULD）的集控部或吨控室，有对总部及各站点价格管控的定价部（Pricing），有负责安全的配载平衡部（Weight & Balance），以及人力资源部和市场部等。其智能化系统由散货处理系统、集装货物处理系统和信息处理系统组成，辅以安检、称重、条码等系统。技术主要以平面输送、垂直输送、立体存储、信息跟踪、运行监控和业务管理为主，主要操作设备有高性能散货堆垛机、集装货 ETV（Elevating Transfer Vehicles，升降式转运车）、TV（Tansfer Vehicles，转运车），智能拖车，柔性化搬运设备（散货和集装货 AGV、站场内自动驾驶拖头等），一体化运行监控系统（如 SCADA 等），云平台信息管理系统（如 EMS 等），半自动打板或辅助打板系统，快件自动化输送分拣系统，以及解决货物收货时的体积测量、重量称重、读码的

DWS（Dimension，Weight，Scanning）系统等。

　　机场货站的自动化物流设备智能化发展，需要结合自身业务规模和仓储需求来考量，不应过于追求技术的先进性。可以考虑出港的自动分拣机、集装板组板机，进港的自动分拣机、传送带、仓储的立体货架等。同时，要优化安检技术与流程，实现与货运代理人、快递企业之间整板、整箱的收运和交付。要发挥大数据的作用，理清出港流向、进港收货人等数据信息，以便调整作业模式和营销策略。例如，优先分拣进港量大的代理人的货；及时分析出港数据，以便及时调整运价水平和路线规划。

　　由于智慧机场货站建设涉及土地、税收、政策、资本、技术、组织机构等一系列复杂的问题，因此其信息管理系统需要全面升级，有效整合各业务环节，以模块化思路实现机场货站与安检、配载、机坪装卸等部门的信息互联互通，最终实现机场货站的流程再造和提质增效。

四、航空物流运作管理模式升级

　　航空物流运作管理模式需要适应跨境电商与多式联运等物流组织方式的大发展，结合当地综合交通条件、产业发展、土地情况等做好货运区、临空经济区、综合交通的专项规划，加快以航空货运枢纽为核心的多式联运基础设施的规划建设，从战略角度谋划布局货运专用的高速公路、货运高铁进入机场，促进多式联运的真正顺畅实现。如我国规划布局的鄂州机场与嘉兴机场，在建设时就已充分考虑到了与铁路和公路联合转运的需求，设备选择上尽可能采用能提高系统运作效率的成熟产品，以能高效、经济地处理包裹、小件包、扁平件、非扁平件、信封、异形件、超大超重件等不同品类的产品为原则。无论专用的还是新建的货运机场都需要以客户需求为出发点，以保障航空运输方式快速和可靠为目的，利用好空侧资源、综合交通条件、二级设施、通关条件、海关口岸等，以适应承揽多种类型的航空货物为前提来综合考虑空间布局。

　　总之，智慧民航的建设，需要无人化智慧机场，升级智慧化货站，构建新型航空物流运作管理模式，以便促进航空物流领域真正融入智慧化发展的新时代。

第四章 非结构型航空物流案例与分析

思考题：
（1）简述智慧物流建设对航空物流的重大意义。
（2）当前发展智慧航空物流的最大难点与痛点是什么？
（3）请结合当前航空物流的最新发展评论其前景。

第五节　航空假期产品营销案例

一、国外航空假期产品市场分析

自由自在、不受束缚的度假方式为年轻白领们所热衷，他们往往希望买张机票就能远行，因此航空公司的自由行项目应运而生。通过与旅游捆绑，航空公司推出"航空假期"产品，为客人预订"机票＋酒店＋接送机＋选择性旅游内容"，从而发展与航空相关的旅游产业，形成航空假期产业链。

顺应自由行热潮，境外航空公司也下力气开发"航空假期"产品。例如：新航针对中国游客推出"新加坡假期"产品，联合各旅行社进行推广及销售，为其新加坡航线带来了滚滚客源。泰航推出"风兰假期"，其品质有保障；出发时间灵活，只要航班允许，客人可以把生日、纪念日、蜜月等特殊日子规划到行程中；出发人数灵活，即使一个人也能环游世界；行程安排灵活，客人可以选择自己喜欢的项目或是什么也不选。"风兰假期"基于与众多国际知名连锁酒店多年的良好合作关系，其地面接待服务皆为有信誉有口碑、品质有保证的大型旅行社，酒店从经济到豪华，从舒服到超级享受，从三星到五星，数量众多，一应俱全。购买这些航空假期产品，不需要像自助旅游那样与航空公司、酒店，旅行社同时打交道，可以实现一站式旅游，也不存在强迫购物或强迫自费项目。

欧美航空公司对航空假期的利润点挖掘更为充分。如美航旗下的美国航空假期（American Airlines Vacations）是一家为客户提供机票、酒店预订、租车和旅游活动服务的公司，通过重新设计与升级网站，为客户提供了一种简易、方便的计划和预订度假旅行的功能，从而提升了客户的购买和预订体验。用户在个性化定制度假计划时，拥有便利、灵活的选择，能够查看并比较旅程的各个组成部分，例如机票、酒店、汽车以及主题公园门票、潜水等活动，然后查看他们的选择会怎样影响最终价格。由于隶属于航空公司，美国航空假期得以充分利用美国航空的定期航班服务，为客户提供更广泛的全球范围内的选择。

欧洲易捷航空推出的假期产品 EasyJet Holidays，为用户提供酒店及低成本航班打包销售的多种度假选择。该产品废除了一切繁杂的程序，为用户提供最灵活的、个性化的航班和酒店的打包销售，用户在任何地方都可以方便快捷地进行在线预订。

二、国内目前航空假期产品市场分析

传统的参团旅游是"机票+景点+酒店"，自由行则是"机票+酒店"，自由行的背后其实是一个巨大的散客市场。国内游如此，出境游也同样如此。业内"旅游问卷"调查结果显示，超过7成的被调查者希望以自由行的方式进行深度游。从需求的角度看，早期旅游业刚刚起步的时候，团队旅游占主流，那是因为人们的旅游经历还比较少，对外界的认知也较少，对旅行社的依赖性就很大。此外受经济能力的限制，团队旅游较单位游客的花销成本也有所节省。但是随着社会的发展，这两方面都发生了变化，人们体会到团队旅游的各种弊端，越来越多的人追求自由、随意地旅行。而在供给方面，交通、住宿等硬件设施建设的改善客观上为旅游者选择自由行提供了条件。然而，目前国内旅行社在管理运营机制上还不够成熟，单靠各旅行社间的价格竞争，不是长久之计。在这种情况下，国内的上海航空、春秋航空、海南航空、深圳航空等各自成立假期产品部门或合资旅行社，依托航空公司优势推出旅游航线，同时与旅游景区所在政府部门密切合作，共同整合和优化当地的旅游资源，以期达到航空公司、旅行社和旅游景区三方获利的目标。携程网还专门为航空假期产品开辟出"度假产品超市"专栏，超市里的"自由行"线路有数百条，而以一个目的地为主题的精品店里至少拥有5条以上的不同航班时刻和酒店星级组合。这种专栏式选购的方式面市后，很快吸引了众多自助游爱好者。

可以预见，随着我国航司直销能力的加强，通过资源整合，推出适应市场的配套航空假期产品是大势所趋。同时也应该清楚，航空公司的经营意识决定了它的发展速度和创新能力，对自由行的关注和重视程度也决定了航空假期产品未来的发展水平。

思考题：

（1）说说我国航司开展假期旅游营销都有哪些创新？

（2）说说团队旅游有哪些优点和缺点？

（3）国外航司开展假期旅游营销有哪些值得借鉴和参考之处？

（4）你认为开展假期旅游营销最需要解决的问题是什么？为什么？

第六节 航空运输冷链物流案例

一、ZM 公司发展空运冷链业务案例

2009 年 11 月国家冷链物流标准化委员会成立，我国冷链物流标准化步入法治化建设轨道。2011 年 ZM 物流企业成立，主要从事冷链物流、汽配物流、快速品物流、医药物流等业务。作为国内最早从事冷链物流的企业之一，ZM 企业正不断扩张冷库，为客户提供以干线、仓储和市配为主的全程冷链服务及其相关衍生服务，从供应链集成商向专业供应链解决方案提供商方向转型。2019 年，一系列标准如《航空货物冷链运输服务规范》《鲜活易腐物品名录与物品保鲜条件表》及《鲜活易腐物品包装》等相继出台，2021 年国家进一步出台《"十四五"冷链物流发展规划》，发展空运冷链物流成为 ZM 企业下一阶段面临的主要任务，这更加让 ZM 企业空运冷链负责人于总感觉时不我待。为此，于总向新成立的空运冷链部门介绍了有关空运冷链物流的历史。

最早的空运冷链物流可以追溯到 1928 年，当时的荷兰皇家航空公司将 75 万吨鲜花、水果和蔬菜空运至伦敦，使用天然冰来降温。19 世纪 70 年代，殖民列强之间的贸易和殖民地推动了整个冷藏食品运输模式的发展。当时，法国利用冷藏手段从南美洲进口大量的冷冻牛肉和羊肉，英国从澳大利亚进口冷冻牛肉和猪肉等。1910 年，英国利用冷藏技术手段，每次能够从澳大利亚运输 60 吨的冷冻肉。1928 年，荷兰皇家航空公司将 75 万吨的鲜花、水果和蔬菜空

运到伦敦,开创了空运冷链物流的先河。温敏物资的大规模空中运输,也推动了空运冷链物流设备的发展。1969年,美国加利福尼亚州尔湾推出了世界首个冷藏集装箱,可以放置在波音747机舱里,使标准化运输成为可能,自此空运冷链物流形成了第一个闭环。1972年,日本航空公司利用空运冷链运送金枪鱼,实现了金枪鱼的全球供应,推动了空运冷链运输的首次高峰。目前,航空冷链物流主要使用货运腹舱或全货机,搭载标准的温控集装箱,在冷却媒介(包括干冰、凝胶、蓝冰、液氮等)、温控运输工具,相关的辅助材料完成空中运输,并借助冷藏卡车实现点对点的运输。

了解空运冷链早期历史以后,于总提出风险高、成本高、利润高是空运冷链运输的三大特点,低温环境是空运冷链的关键,而标准化是ZM公司降低成本、发展空运冷链物流的必由之路。为此,于总找专家给部门员工讲授了有关空运冷链物流的相关知识。

空运冷链是以空中运输为核心,利用具有适航性的设施设备,适当依托地面运输,让温敏物资始终处于所需要的温度、湿度、光线、压力等条件下,并对整个运输环节进行计划、协调、操作、控制和优化。空运冷链根据温度范围不同有不同的航空运输代码。其中室温(AMBT)在15℃~20℃、冷藏(COOL)温度在2℃~15℃、冰温(ICE Temp)在-2℃~2℃、冷冻(COLD)在-10℃~-2℃、深冷冻(FROZ)在-10℃以下。空运冷链物流的主要特点是运输快捷、市场需求旺盛。随着消费市场对温敏物资运输需求和运输品质的要求不断提升,包括鲜活易腐品、生物制剂、医药用品及精密仪器等产品纳入了温敏物资行列,相比发达国家,我国农产品冷链运输率偏低,空运冷链潜在市场巨大。空运冷链物流的另一主要特点是参与主体多元化,链条衔接复杂。空运冷链物流是个系统工程,涉及地面运输、空中运输、仓储及包装等环节,需要航空公司、机场、货运代理、地面交通、海关及检验检疫等联检单位共同协作,才能保证各环节紧密衔接不断链,运输风险极高,另外由于采用先进的温控技术设施,会不可避免地产生高成本、高利润,一旦断链,损失极大。

结合ZM公司自身实力,于总有信心做好ZM公司空运冷链运输相关工作。而空运冷链的发展,需要解决好设施设备、信息技术和管理体制这三大要素,首先是需要购置相关冷链装备,经过了解,于总认识到空运冷链设备有空运冷链集装器(ULD)、监控设备、冷藏车及温控仓库等。

(1）空运冷链集装器

空运冷链集装器是有效保障运输中物品处于适当温度环境中的集装器，分为被动温控 ULD 和主动温控 ULD。前者是利用冷却媒介（如湿冰、胶冰、干冰或液态气体等）控制温度的隔温集装器；后者是带有隔热及冷却媒介，并带有机械或电子制冷或加热系统，能够自动监测箱内温度，控制并将冷却能源均匀地分配到货物周围的集装器。主动温控 ULD 又分电池的和充电的两种。电池的是用碱性干电池作为能源（新电池电压至少 11V，工作时不得低于 9V），辅以冷却介质，使用时须得到 TSO-C90 认证。充电的是用大型充电电池，具有机电加热（电子泵或热力泵）/冷却（蒸汽压缩）系统，符合 SAE/ISO 的标准，且得到 E-TSO、TSO 的认证。

ZM 公司计划购置一批空运冷链 ULD，以便满足更多疫苗、医药等温度敏感货物的空运冷链需求。经过了解，据 IATA 统计，全球温控集装器大约有 80 万个。国外主要 ULD 生产厂家有瑞典的 Envirotainer 和 AirContainer、美国的 Csafe、德国的 Dokasch 和英国的 Skycooler 等。2017 年以前，由于空运冷链 ULD 被欧美企业垄断，我国空运物流企业大多采用被动制冷 ULD，主动制冷 ULD 还未被批准使用，也未通过适航认证，需人工录入温敏物资的温度状态信息。可喜的是，2021 年 3 月，青岛中集特种冷藏设备有限公司自主研发出我国第一款"主动式温控航空 ULD"，采用蓄电池供电，通过制冷机组实现集装箱内的温度控制，可以在温度设定范围 0℃~25℃内实现精确控温，能够满足生鲜、疫苗、医药等对温度敏感货物的空运冷链运输需求，并已通过中国民航局适航认证。

（2）监控设备

监控设备采用 RFID 技术，可识别单个具体物品，内部采用无线电射频，可以透过外部材料读取数据，而且可以同时对多个物体进行识读。物联网 RFID 技术的应用会越来越普及，空运冷链作为物流的重要一环，RFID 技术在空运冷链运输中的应用也将越来越普及。

（3）冷藏车、无人机配送

空运冷链物流运输所使用的冷藏车具有冷藏运输车定位管理系统。该系统是一个集成 GPS/温度检测技术、电子地图和无线传输技术的开放式定位监管平台。可实现对冷藏车的有效跟踪定位管理，并将定位信息实时传导。常用于冷冻车、奶品运输车、鲜货运输车、疫苗运输车等。对于冷链物流，冷藏车的广泛应用和无人机配送将成为冷链企业提高运作效率、降低成本、减少物流中转的有效装备，其便捷性将是解决冷链商品物流"最早一公里"和"最后一公里"的有效手段。

（4）温控仓库或冷库

空运冷链物流运输中，温控仓库可提供冷冻、冷藏、室温三个温区，包括灵活分区及准确控温的活动墙和温湿度实时监控系统等。

从长远来看，向两端延伸，实现"门到门"一体化的运输服务，实现整个物流链的无缝衔接将是未来航空冷链物流的发展趋势。

二、东航物流空运冷链物流案例

作为骨干航空公司的东航，旗下东航物流拥有中货航、东航快递、东航运输、东航供应链等子公司及境内外多个站点及分支机构，是全国最大的货运航空公司，其主营业务分为航空速运、地面综合服务和综合物流解决方案三大块，而冷链空运物流是东航物流着力打造的一块"利润源"。

（一）东航物流整体状况

在营收方面，东航物流业绩连续多年高速增长，2018~2020年，公司实现营业收入分别为108.9亿元、113.0亿元和151.1亿元，归母净利润分别为10亿元、7.9亿元和23.7亿元。2021年上半年，公司预计实现营业收入87.4亿元~106.8亿元，同比增长17%~43%，实现归母净利润14.2亿元~17.4亿元，同比增长11%~36%。在运力方面，截至2020年末，东航物流旗下中货航拥有10架货机和725架客机货运资源，依托天合联盟、代码共享与SPA协议，航线网络通达全球170个国家的1036个目的地，构建起布局全球的航空货运网络体系。

目前，东航物流拥有自营货站17个，覆盖12个机场，包括浦东机场和虹桥机场（上海共计7个货站），以及西安、昆明、武汉、南京、济南、青岛、兰州、合肥和太原等区域航空枢纽。2019年度，上述机场总货邮吞吐量达到608.90万吨，占全国民航机场总量的35.6%。2020年度，东航物流在浦东机场和虹桥机场完成货站操作量合计218.08万吨，占两个机场总量的54.18%。东航物流以货站为核心，共运营58条国际进出港监管卡车航班路线，为国际进出港货物提供国内段地面运输延伸服务；此外，还为客户提供仓储服务（包含冷藏库、冷冻库及恒温库等特种仓储需求）。针对冷链运输，东航物流将时限产品做成标准化的服务，分两小时达、5小时达、18小时达、72小时达等，收费各不相同，客户只需"点单"即可。同时，根据实际采用灵活的运输方式，如果当天有直航，就用直航，否则用中转，甚至还可以一半飞机、一半卡车来运输。此外，东航物流的跨境新兴业务也迅速发展。2018~2020年，东航物流跨境电商航空专线货量分别为6903.65吨、8943.75吨和11207.28吨，跨境电商航空干线货量分别为8704.38吨、10332.41吨和10808.80吨，航空特货供应链服务货量分别为5700吨、6680吨和6160吨，医疗冷链服务货量分别为5675吨、5339吨和5190吨。

（二）东航物流冷链产地直达服务

东航物流通过构建生鲜快运平台，利用电商来销售海鲜水产、时令水果、精品肉类、牛奶乳品等产品，通过解决好生鲜中转HUB，建设城市"生鲜港"，实现冷链产地快速直达全程服务，其程序是：通过自有电子商务网站（东航产地直达）→预先收集境内外的消费需求→根据需求完成直接集中采购（东航物流）→自行完成跨境货物运输（东方航空、中货航）→自行完成"门到门"派送（东航快递）。

1. 东航物流产地直达总体发展状况

通过产地直达，东航物流进口的生鲜产品从2013年的2个货包机发展至2018全年200多个包机，增长了100倍，东航物流也由此稳居全球最大生鲜产品航空承运人的地位。据统计，2017年，东航物流执行生鲜包机近100个，累计进口生鲜农产品1万余吨，货值近10亿元人民币；2018年，东航物流生鲜进口量再创新高，预计全年将完成200个包机、近2万吨的生鲜产品进口。目前，进口生鲜领域中的车厘子、三文鱼等产品，东航物流均已占据全国空运进口市场份额的6成以上。

2. 东航物流生鲜快运平台

随着业务的拓展和延伸，2015年以来，东航物流陆续建立了几个子品牌。"飞来鲜"是跨境生鲜快运平台，主要为企业级别的B端客户提供空运、海运、陆运等快速的冷链干线和集散仓之间的运输；"鲜活港"主要为客户提供鲜活农产品的暂养、精加工、二次分包等服务；"燕影系统"是生鲜集装容器的冷链实时监测系统，确保冷链产品在运输过程中，客户能够了解全流程中的货物温度变化。其中，"飞来鲜"项目之一的"樱桃特快"是2017年联合美国农业部、美国西北樱桃商会战略合作推出的，"樱桃特快（70%的樱桃和30%的海鲜）"货机服务覆盖亚洲主要经济体，航班经停美国时将再上货北美的波士顿龙虾等海鲜。

3. 东航物流生鲜产品中转基地

全程冷链将是东航物流未来发力的重点领域，东航物流将在全球节点城市布局生鲜产品中转HUB。从商品产地来看，由于货运包机的巨大运力，要在短时间内准备好数量庞大（100吨起步）、符合航空运输要求的生鲜产品具有一定的难度，因此，需要在海外商品的原产地建设一定数量的中转HUB，主要负责集货和鲜活产品的暂养及技术处理等。从国内的消费地来看，先将进口产品集中进口到某一口岸，以一千公里为半径，通过铁路、公路等多式联运方式，分批次发送到各个消费地，将有利于减少损耗、保证产品品质。

4. 东航物流打造节点城市"生鲜港"

东航物流将在机场附近建设"生鲜港"物流节点。以航空和海运干线运输方式，快速汇聚全球冷链商品资源至生鲜港区，通过区内配套的深加工能力，借助国内航线或地面卡车运输，快速将成品、半成品供应给国内和周边国家的终端用户。"生鲜港"区将吸引从事冷链干线运输（如国际、国内航空干线运输、国内地面干线运输等）、多式联运（海、陆、空运）、冷链仓储、冷链商品精细加工（精细切割、二次包装、边角料利用等）、小规模暂养、海运货代加工（服务日本、韩国等第三国）、高端冷链运输和仓储（医药等）、冷链设备制造、分拣包装、中央厨房、担保公司、转口贸易、供应链金融、冷链大数据、农产品溯源、电商云仓等大中小型企业入驻，全新打造布局合理、设施先进、功能完善、管理规范、网络化、规范化、系统化的国际农副产品冷链物流网络体系；形成农副产品、食品深加工、分包、分拨、分装、食品冷藏、速冻食品、冷链物流配送一条龙服务的冷链物流产业链。

三、空运冷链物流的未来发展

中物联冷链委报告显示，2019年我国航空冷链物流运输主要货物运输量为

278 万吨，占全年国内冷链物流总运输量的 1.2%。除生鲜、生物制剂、医药用品外，易腐货、乳制品、啤酒等也加入了航空冷链的市场。统计显示，2019 年，我国人均 GDP 已经超过了 1 万美元，对生鲜食品、医药健康类商品等温敏物资的需求越来越旺盛，品质要求也越来越高，这使得具备时效性强的空运冷链运输受到广泛关注，可空运冷链运输能否顺利地向专业化、一体化和标准化方向发展将成为未来空运冷链物流发展成败的关键。

近年来，不少航空公司开始布局冷链运输市场。南海物流推出"南航飞递—当日达"业务，启动 24 小时收运机制，提供冷库保鲜服务，助力大连樱桃、海南荔枝、云南杨梅等空运冷链运输，并全流程跟踪货物运输情况，同时不断加大冷链物流资源投入和技术创新力度，力求构建起智能化的冷链物流服务体系。吉祥航空旗下上海吉祥航空物流建设了"喜鹊到"空运物流整合平台，目前已在长三角与珠三角间实现了生鲜物流"当日达"，承运的花卉、水果、冷冻肉制品、水产等生鲜产品可朝发夕至。自 2020 年 7 月上线以来，"喜鹊到"已累计承运 7.5 万吨商品。而顺丰控股、圆通速递、京东货运航空等民营物流企业更是很早就已布局货运航空领域。

截至 2021 年 10 月，顺丰航空已拥有 67 架全货机以及亚洲第一个、世界第四的货运枢纽机场——鄂州机场。鄂州机场地处华中腹地，有望将顺丰航线从点对点转为轴心辐射模式，进一步降低成本、提高物流效率。顺丰还通过使用自身设计的小型冷藏 ULD，使冷链产品可以和普通货物共用一辆车，不仅提高了车辆利用率，而且大大节省了冷藏车的费用。

圆通航空也在持续发力，在不断开辟国际航线后，2020 年 6 月，把注意力也转向了航空物流基地，计划在浙江嘉兴建设全球航空物流枢纽，加上配套项目，一共投资 122 亿元。

京东航空的人才队伍尚在搭建，已有飞行员 10 人、签派人员 7 人、维修人员 9 人，后续还将通过校招和社招招揽人才。按照京东全球超级港项目的规划，预计 2025 年机队规模将达到 114 架，货邮吞吐量达 233 万吨；2045 年机队规模将达 501 架，货邮吞吐量达 810 万吨。

2020 年我国空运冷链物流规模已经达 300 亿元，占全国冷链物流总市场比重的 7.9%，业务涵盖鲜活易腐品、医疗用品和温感材料等精密设备，其中医药冷链物流是当前最为蓬勃发展的重要应用领域之一。尤其在疫情防控期间，疫苗等医药物资的运输要求全程冷链，一旦运输途中出现温度异常就会产生严重后果。据统计，从生产地到一线城市的药品冷链运输方式中，航空运输占80%。麦肯锡白皮书显示，预计全球范围内的疫苗需求将超过100亿剂，需要约20万次托盘装运、约1500万次冷却箱运送以及约1.5万架次满载的波音747全货机。由此可见，受社会消费崛起、城市化进程加快等利好因素驱动，依托当前万亿元级规模的生鲜、医药市场，空运冷链物流正在由起步阶段进入快速上升通道，未来市场空间巨大。

思考题：
（1）空运冷链物流发展的瓶颈是什么？
（2）使用冷链ULD运输有哪些优势？
（3）简述空运冷链物流的业务流程与环节。
（4）你认为哪类航空公司开展空运冷链物流更加具有优势？为什么？

参考文献

道格尼斯.迷航——航空运输经济与营销［M］.邵龙,译.北京:航空工业出版社,2010.

德夫曼,鲍姆,奥尔巴克,等.航空公司战略管理［M］.于剑,等,译.北京:中国民航出版社,2008.

郭俭,陈萌.国际航空货运代理纠纷疑难案例评析［M］.北京:法律出版社,2013.

霍洛维.实用航空经济学(第二版)［M］.深圳航空公司,译.北京:中国民航出版社,2009.

江太利,刘东生,李瑞林.国际航空货物运输知识问答［M］.北京:人民交通出版社,2010.

李智忠.航空货运代理［M］.北京:旅游教育出版社,2017.

彭本红,吴桂平.航空公司运营管理［M］.武汉:武汉理工大学出版社,2010.

商务部、民航局、CATA、CIFA、FIATA、IATA等官方网站.

唐世纲,李枭鹰.论案例教学的内涵及基本特征［J］.教学与管理,2004(6):47-49.

现代供应链联盟(中物联冷链委)、临空经济研究中心、民航资源网、货代之家、聚知行、物流技术与应用、开锐研究中心等微信公众号.

杨光富,张宏菊.案例教学:从哈佛走向世界——案例教学发展历史研究［J］.外国中小学教育,2008(6).

杨志刚,孙明,吴文一.国际货运代理实务、法规与案例.北京:人民交通出版社,2006.

约翰逊,斯科尔斯.公司战略教程［M］.金占明,贾秀梅,译.北京:华夏出版社,1998.

周德科.物流案例与实践(一、二).北京:高等教育出版社,2005.